감정은 하나님의
선물입니다

감정은 하나님의 선물입니다

필립 스위하트

Ivp

IVP(InterVaristy Press)는
캠퍼스와 세상 속의 하나님 나라 운동을 지향하는
IVF(InterVarsity Christian Fellowship)의 출판부로
생각하는 그리스도인을 위한 문서 운동을 실천합니다.

Originally Published by InterVarsity Press
as *How to Live with Your Feelings* by Phillip J. Swihart
Copyright © 1980 by Phillip J. Swihart
Translated by permission of the author

Korean Edition © 1987, 1996, 2007 by Korea InterVarsity Press
156-10 Donggyo-ro, Mapo-gu, Seoul 04031, Republic of Korea

How to Live with Your Feelings

Phillip J. Swihart

차례

머리말 9

1. 신기하고 놀라운 솜씨 15

2. 감정을 어떻게 다룰까 23

3. 억압: 지금 여기서는 안 돼 31

4. 표출: 내키는 대로 하자 55

5. 고백: 정직이 최선의 방책 75

6. 정직해지기 89

주 105

머리말

　　　　　내게 가장 도전이 되는 일 중 하나는 나 자신과 다른 사람 그리고 하나님 앞에서 솔직해지는 것입니다. 이는 얼마나 힘겨운 투쟁인지요! 때로는 나 자신이 양파 같은 존재처럼 느껴집니다. 껍질을 벗기고 또 벗겨도 여전히 더 많은 껍질이 남아 있는 것 같으니 말입니다. 어떤 면에서는 나라는 인간의 복잡다단함이 마음에 들지만, 반면 끝없이 되풀이되는 자기 기만에 자주 실망합니다.

나는 그리스도인으로서건 임상 심리학자로서건 이런 일쯤에 너무 당황해서는 안 된다고 생각합니다. 옛날 히브리 선지자 예레미야나, 현대에 심리 분석의 신념을 전파한 빈 출신 지그문트 프로이트나 이 점에서는 의견이 같을 것입니다. 예레미야는 "만물보다 거짓되고 심히 부패한 것은 마음이라"고 하신 하나님의 말씀을 전하고 있습니다(렘 17:9). 또한 프로이트는 인간의 무의식 세계를 가리켜, 우리가 직면하고 싶어하지 않는 자신에 관한 적나라한 사실들을 감추어 두는 정글과 같은 곳이라고 했습니다.

감정의 영역은 자기 기만이 극명하게 드러나는 곳입니다. 그리스도인은 비그리스도인보다 자신의 감정을 받아들이는 데 더 큰 어려움을 겪고 있으며, 일단 자신의 감정 상태를 인정하고 나서도 그것을 어떻게 처리해야 할지 잘 모르는 듯합니다. 특히 염려, 죄의식, 분노, 우울증, 증오심 등과 같은 감정에는 더 익숙하지 못합니다.

2년 동안이나 우울증으로 고통받던 중 내게 상담하러 왔던 한 부인이 생각납니다. 그녀는 남편과 아주 금슬이 좋았고 서로 떨어져 생활해 본 적이 거의 없었습니다. 그런데 남편과 급작스럽게 사별한 후 그녀의 삶은 무너져 공허한 상태에 빠져 버리고 말았습니다. 불행과 절망은 끝이 없는 것 같았습니다.

몇 주 동안 함께 이야기하면서 그녀는 자신의 심각한 분노를 깨닫게 되었습니다. 그녀는 사실 남편의 죽음을 완강하게 거부하고 있었습니다. 남편이 묻힌 뒤에도 새로운 환경을 받아들이려 하지 않았던 것입니다. 그녀는 서서히 자신의 감정에 직면하게 되면서, 자신이 상황 자체뿐 아니라 그 상황을 내버려 두신 하나님에 대해서도 분노하고 있다는 것을 발견했습니다.

많은 사람들이 그렇듯이 그녀는 '하나님께 성내는 것'을 두려워했기 때문에 하나님을 향한 분노를 드러내지 않았습니다. 하나님을 향한 분노는 또 다른 부정적인 감정인 죄의식을 일으킵니다. 그녀는 두 가지 중 어느 것도 직면하지 못했습니다.

그녀의 상태를 악화시킨 요인이 또 있었습니다. 그녀는 조금이라도 어떤 것에 재미를 느끼면 그것을 남편에 대한 불성실로 여기고 죄의식을 느꼈던 것입니다. 그래서 그녀는 계속 불행 가운데 머물러야만 했습니다. 나는 그녀의 깊은 내면에 또 다른 감

정이 숨겨져 있음을 감지했습니다. 그것은 자신을 버린 남편에 대한 분노였습니다. 그러나 그녀는 마음의 문을 열려고 하지 않았습니다.

우리도 대부분 이 부인과 같은 딜레마에 자주 빠집니다. 우리의 감정에 정직하게 대면하면 죄의식이라는 무서운 괴물이 나타나지 않을까 두려워합니다. 그리고 극도의 불안을 느끼게 됩니다. 그래서 우리는 자신을 속이거나, 어떤 감정이 있다는 사실을 인정하려 하지 않거나, 그 감정의 심각함을 부인하며 도망을 칩니다.

그러나 이렇게 자신에게 정직하지 못하면 우리의 감정에 정면으로 맞서 건설적으로 대응할 수 없습니다. 오히려 파괴적인 과정이 뒤따라 사탄의 궤계가 싹트기 좋은 터전만 만들어 줍니다. 악은 진리가 없는 곳에서 번성하기 때문입니다.

자기 기만은 우리의 감정을 소위 증상(symptoms)이라는 그릇된 모습으로 드러나게 하며, 이런 증상은 결과적으로 자신이나 타인에게 해를 입히기도 합니다. 예를 들어, 끓어오르는 분노를 억누르고 있으면, 그것이 편두통으로 나타나기도 합니다. 또 어떤 사람은 아내와 아이들에게 고함을 지르면서 살인적인 분노를 폭발시킵니다. 자기 기만은 사회적으로, 정서적으로, 신체적으로 그리고 영적으로 비싼 대가를 치르게 합니다.

그러므로 우리는 감정과 더불어 살아가는 법을 배워야 합니다. 우리에게는 왜 감정이 있으며, 자기 기만 이외에 어떠한 대안이 있는지 다음에서 살펴보도록 하겠습니다.

1. 신기하고 놀라운 솜씨

작은 불빛조차 보이지 않는 터널이나 날마다 계속되는 흐린 하늘처럼 몇 주 동안 침체 상태가 지속될 때면, 그 한복판에서 나는 도대체 왜 이토록 커다란 골칫거리인 감정이란 것이 있을까 질문을 해 봅니다. 아마도 나 혼자만 이런 질문을 던지는 것은 아닐 것입니다.

과학적 방법을 사용하도록 훈련된 심리학자인 나는 정서적 행동을 설명하기 위해서, 또 정서적 행동을 일으키고 그 행동을

표현하며 다른 행동과의 요인을 지배하는 적절한 상호 관계를 알아내기 위해서 경험론에 의존할 수도 있습니다. 그러나 '궁극적인' 질문들(왜 감정이 존재하는가? 왜 우리에게 정서적 측면이 있는가?)에 답하기 위해서는 다른 원천에 의존하지 않을 수 없습니다.

과학은 하나의 도구일 뿐, 궁극적인 질문에 대한 궁극적인 해답을 제시할 수는 없습니다. 궁극적인 질문과 그에 대한 해답은 과학의 영역 밖에 있습니다. 때때로 과학자들은 궁극적인 문제에 대해 권위를 가지고 말하기를 좋아하지만, 사실 그들은 과학적인 측면에서 말하는 것이 아니라 개인적인 가치 체계에 따라 말하는 것입니다. 나는 궁극적인 권위의 원천으로, 성경의 계시를 택하겠습니다.

감정의 하나님

왜 우리가 감정이라는 역량, 정서를 체험하는 역량을 가지고 태어났는지 성경은 직접적으로 말

해 주지 않습니다. 우리는 단지 우리의 정서가 하나님의 성품과 본질에 기초하고 있다는 것을 알 뿐입니다. 하나님은 성경에서 자신을 분노[1], 질투[2], 기쁨[3] 등의 정서를 갖고 있는 존재로 묘사하십니다. 그러나 하나님에게 걱정, 염려, 죄의식 등의 정서는 없습니다. 이런 정서, 아마도 가장 불편하고 비참한 이런 감정들은 분명히 하나님에 대한 인류의 반역이 초래한 결과입니다. 인류가 하나님께 순종했다면 이런 감정들은 없었을 것입니다. 하나님이 자신의 피조물인 천사와 사람으로부터 배척받지 않으셨다면 분노와 질투 같은 감정을 느끼셨겠습니까?

성경은 또한 하나님이 인간을 창조하실 때 "우리의 형상을 따라 우리의 모양대로 우리가 사람을 만들자"라고 하셨으며 "하나님이 자기 형상 곧 하나님의 형상대로 사람을 창조하시되 남자와 여자를 창조하셨다"(창 1:26-27)라고 기록하고 있습니다. 그렇다면 우리의 정서는 우리가 이해할 수 있는 방식으로 하나님의 속성을 반영해 주는 것이라고 할 수 있습니다. 우리는 정서를 경험함으로써 하나님을 좀더 잘 알 수 있습니다.

그분은 우리를 감정 없는 피조물로 창조하실 수도 있었습니다. 그러나 그랬다면 우리는 하나님과의 관계, 다른 인간과의 관계를 누릴 수 있는 능력조차 없었을 것입니다. 죄의식, 염려, 사랑과 같은 감정이 없어 보이는 사람들을 가리켜 우리는 '비인간적'이라고 합니다. 그들은 오히려 기계나 빈 껍데기에 가까워 보입니다. 그렇다면 우리가 정서적 존재라는 것은 기뻐해야 할 일입니다. 우리 존재에 정서적 측면이 없다면 흑암에 대한 공포, 죽음에 대한 슬픔, 불편한 일에 대한 짜증도 없어지는 것이 사실이지만, 그와 동시에 훌륭하게 해 낸 일에 대한 만족감, 가까운 사람에 대한 깊은 사랑, 재미있는 농담을 듣고 실컷 웃는 일 역시 사라질 것입니다. 감정이 없다면 우리는 속 빈 강정에 불과합니다.

만물을 지은 위대한 예술가이신 하나님을 잠시 생각해 보십시오. 우리를 지으시되 목석이 아니라 감정 있는 존재로 만들기로 작정하신 하나님은, 우리를 단조로운 흑백으로 새겨 넣는 것에 제한하지 않으시고, 생동감 있는 색채와 결을 지닌 아름다운 유화 물감을 사용하신 것입니다.

우리는 감정을 통해
하나님을 이해합니다

성경은 주님이 하시는 일에는 목적이 있다고 말합니다(엡 1:11). C. S. 루이스(Lewis)의 표현대로 하나님은 '노망 든 자선가'도 아니고 하늘에 있는 얼빠진 교수도 아닙니다. 프란시스 쉐퍼(Francis Schaeffer)도 지적했듯이 성경이 우리에게 모든 진리를 다 전해 주는 것은 아니지만 '참 진리'는 전해 주고 있습니다.[4] 그렇다면 우리가 성경의 명제적 진리를 통해 확실히 알 수 있는 것은, 우리가 하나님의 형상으로 창조되었으며 정서는 우리를 향한 그분의 계획의 일부이기 때문에, 우리는 정서적 존재로 창조되었다는 점입니다. 우리는 하나님께 더 이상의 자세한 설명을 요구할 필요가 없습니다. 들어도 이해할 수 없을 것입니다.

예전에 들었던 한 철학 강의가 생각납니다. 교수는 신의 개념과 관계된 어떤 요점을 논하면서, 자신의 친구가 근무하던 정신병원을 방문했을 때의 이야기를 들려주었습니다. 그 병원에는 자기 자신을 하나님으로 믿고 있는 환자가 있었다고 합니다. 교수는 호기심이 생겨 그 환자와 얘기를 나누어 보고 싶어졌습니다. 소개를 받아 그를 만나게 된 교수는 이렇게 물었습니다. "하나님, 저는 항상 궁금한 것이 하나 있습니다. 당신은 어떻게 단 이레 동안 이 모든 세상을 창조하셨습니까?" 그러자 환자는 벌떡 일어나더니 한심하다는 듯이 교수에게 대답했습니다. "내가 그것을 얘기하면 자네가 이해할 수 있다고 생각하나? 도대체 어떻게 그런 생각을 했지?"

우리는 하나님이 주신 감정이 있기에, 원래는 무한한 존재이신 하나님, 그래서 우리가 도저히 이해할 수조차 없는 그분을 조금이나마 이해할 수 있습니다. 살아가면서 만나는 다양한 환경, 즉 태어나서 어린이로 성장하고 청소년기를 거쳐 성인이 되어 결혼을 하고 부모가 되고, 사랑을 주기고 하고 받기도 하며 그러다가 결국 죽는 모든 과정이 각각 커다란 배움의 경험입니다. 우리는 감정이 있기에 즐기기도 하고 싸우기도 하며 이것 역시 그런 배움의 또 다른 부분입니다. 우리는 하나님이 어떤 분이신지를 배워 나갑니다. 우리는 하나님이 우리를 어떤 존재로 만드셨는지를 배워 나갑니다.

인류가 죄악에 빠졌을 때, 인간은 신체적·영적·정서적으로 불완전해지고 상태가 악화되기 시작했다고 성경은 가르칩니다. 그런데도 우리는 정서의 영역에서 완벽해지려고 애쓰고 있으며, 그렇게 될 수 있다고 생각하여 그러한 완벽에 도달하지 못하면 불행하고 기만당한 것처럼 느낍니다.[5] 신체적으로 완벽하기는 기대하지 않으면서, 왜 정서적 측면에 대해서는 완벽을 요구합니까? 노만 라이트(H. Norman Wright)는 "감정은 하나님이 주신 선물이다. 왜냐하면 우리는 정서적인 존재로 창조되었기 때문이다. 타락으로 인해 인간의 정서 생활은 왜곡되었지만, 그렇다고 해서 우리의 정서 자체를 멸시하고 내쫓고 묵살하고 무시해서는 결코 안 된다"라고 말합니다.[6]

우리의 감정들과 어울려 살 수 없을 것 같다고 해서 느낄 수 있는 능력을 아예 없애려 하거나 저주하기보다는, 이스라엘의 왕 다윗처럼 기쁨과 감탄으로 그것들을 받아들여야 할 것입니다. "내가 주께 감사하옴은 나를 지으심이 심히 기묘하심이라"(시 139:14).

2. 감정을 어떻게 다룰까

우리가 가지각색의 감정을 느끼는 역량을 인정한다면, 그 다음에 문제가 되는 것은 그러한 감정을 어떻게 다룰 것인가 하는 점입니다. 나는 그리스도인으로서 성경에 나타난 하나님의 뜻대로 행동하기를 원합니다. 그러나 때로는 감정으로 인해 갈등에 빠지고 내가 마땅히 행동해야 한다고 믿는 바와는 정반대 방향으로 이끌려 가는 것 같습니다. 믿음대로 살아가면서 동시에 감정에도 솔직할 수 있을까요? 이것은

결코 해결할 수 없는 문제이며, 정말 어쩔 수 없는 역설일까요?

우리의 일상 생활에서 우리와 역동적으로 상호 작용을 하는 거대한 악의 세력이 있는데, 그는 바로 사탄이라는 인격적 존재입니다. 그는 우리 삶의 다른 모든 영역을 공격하듯이 정서의 영역도 공격합니다. 그는 자신의 파괴적인 목적을 이루기 위해 우리의 감정을 뒤틀어 놓으려 합니다. 그는 우리를 시험하여 정직하지 않게 만들고, 우리의 감정들을 인정하지도 감당하지도 못하게 합니다. 그는 능수능란한 사기꾼이며, 만물 가운데 으뜸가는 거짓말쟁이입니다. 예수님은 사탄에 대해서 "그는 처음부터 살인한 자요 진리가 그 속에 없으므로 진리에 서지 못하고 거짓을 말할 때마다 제 것으로 말하나니 이는 그가 거짓말쟁이요 거짓의 아비가 되었음이라"(요 8:44)라고 말씀하셨습니다. 사탄은 우리를 시험함으로써, 우리가 신체적·정서적·영적으로 스스로를 파괴하도록 합니다. 그는 우리가 스스로에게 거짓말하는 것을 끔찍히도 보고 싶어합니다. 왜냐하면 이러한 거짓말들은 죽음의 활주로로 치닫게 하는 윤활유 역할을 하기 때문입니다.

둥지

그렇게 자신을 속이려는 유혹을 물리치고자 한다면, 즉 자신에게 정직해져서 정서적 영역을 '지키고자' 한다면, 파괴적인 감정이 찾아올 때 우리의 신앙과 일치하고 성경에 부합하도록 대처하는 방법은 무엇이겠습니까?

우리는 먼저 시험은 죄가 아니라는 것을 깨달아야 합니다. 이에 대해서는 마르틴 루터의 다음과 같은 말이 종종 인용됩니다. "새들이 머리 위로 나는 것은 막을 수 없지만, 머리에 둥지를 트는 것은 막을 수 있다." 우리는 예수 그리스도께서 시험받으셨던 것처럼 우리 역시 시험받으리라는 것을 압니다. 그렇다면 시험을 당하되, 어떻게 하면 자극적인 생각과 그에 따라 양심을 거스르는 감정 상태를 겪지 않을 수 있을까요? 그러나 이러한 것 자체가 죄는 아닙니다. 예수님은 죄가 없는 분이시지만 시험은 당하셨기 때문입니다. 죄는 자극적인 생각과 양심을 거스르는 감정들을 기꺼이 받아들이고 키워 나갈 때 생깁니다. 감정 자체는 죄가 아닙니다. 오히려 우리가 감정을 외적인 행동으로 표출하지 않더라도 그 감정을 노리개처럼 삼고 그러한 감정이 자라

나도록 정신적인 토양을 마련하려는 의도가 바로 죄입니다.

루터가 말하는 '둥지를 트는' 경우를 나도 경험했습니다. 아내의 어떤 행동이나 말에 상처를 받아 그 감정에 집착함으로써 때로 나는 비열하고 왜곡된 쾌감을 느낍니다. 이것은 유독 나만 경험하는 것은 아닐 것입니다. 그럴 때 나는 대개 뾰로통한 채 입을 꾹 다물고 움츠리고 있으면서, 그녀가 내게 저질렀다고 단정한 '죄'에 대해 그녀를 오래도록 벌할 수 있는 권리를 얻습니다. 우리는 어떤 사람을 벌하는 즐거운 기회, 아무도 모르게 그들이 천천히 고통 가운데 몸부림치게 만드는 부당한 일을 합니다. 때로는 머릿속으로 상상해 보기도 합니다.

루터가 말하는 '새가 머리에 둥지를 트는 것'에 대한 또 다른 예를 들어 봅시다. 내가 어떤 모임에서 연설을 했을 때 사람들에게 찬사를 받을 때가 있습니다. 이것은 물론 매우 기분 좋은 일입니다. 그러나 주의하지 않으면, 그릇된 자만심에 빠지게 될 수도 있습니다. 이럴 때 나는 내게 말할 기회와 능력을 주신 분이 하나님이심을 잊기 쉽습니다. 이러한 상황에서는, 균형 잡힌 분별력과 겸손이라는 안정제가 필요합니다.

선택의 문제

야고보는 우리에게 "오직 각 사람이 시험을 받는 것은 자기 욕심에 끌려 미혹됨이니 욕심이 잉태한즉 죄를 낳고 죄가 장성한즉 사망을 낳느니라"(약 1:14-15)라고 말합니다. 시험의 근원은 사탄입니다. 따라서 우리는 그를 대적하여 시험할 틈을 내주지 않도록 해야 합니다. 루터의 비유에서 한 걸음 더 나아가 다른 말로 표현하면, 우리는 마귀의 보금자리가 되어서는 안 된다는 것입니다. 그러나 사탄이 우리의 감정을 이용해 우리를 시험하려 든다고 해서, 감정을 무조건 부인해서는 안 됩니다. 이것은 마치 발걸음이 환락가에 미칠까 두려워, 아예 걷는 능력을 부정하려는 것과 같습니다.

우리가 친구에게 분노를 품을 때, 다른 사람의 배우자에게 성적 매력을 느낄 때, 혹은 다른 파괴적인 감정을 경험할 때를 상상해 봅시다. 우리가 취할 길은 무엇입니까?

나는 캘리포니아 플러튼에 있는 항공 선교회 본부에서 열린 회의에 참석한 적이 있습니다. 거기서 나의 친구이며 심리 치료사이자 교수인 도널드 트위디(Donald Tweedie) 박사는 이 단체를 통해 전문인 선교사가 되고자 하는 부부들에 대한 심리 검사를 막 마친 상태였습니다. 그는 바로 앞의 문제를 다루면서, 세 가지 가능성을 제안했습니다. 우리는 감정을 억압하거나, 표출하거나, 고백할 수 있다는 것이었습니다. 노만 라이트 역시 특히 분노와 관련하여 이러한 가능성을 제안했습니다.[1] 나는 이를 모든 감정에 확대해서 적용할 수 있다고 생각합니다. 이 각각에 대해 더 자세히 살펴보도록 하겠습니다.

3. 억압: 지금 여기서는 안 돼

감정을 억압한다는 말은 감정이 존재하지 않는 양 부인하는 것을 뜻합니다. 감정을 억누르고 다른 사람에게 숨기려는 의식적인 작용을 '억제'(supression)라 한다면, 무의식적으로 부인하는 것을 일반적으로 '억압'(repression)이라고 합니다. 그러나 이 논의의 목적상 의식적이건 무의식적이건, 부인하는 모든 행위에 대해 억압이라는 말을 사용하겠습니다.

때때로 나는 친구와 대화를 하다가 흔히 말하는 불쾌감을 막연하게 느끼곤 합니다. 만약 그 순간에 화가 났느냐는 질문을 받는다면, 나는 분명히 "내가? 전혀 아니야"라고 잡아뗄 것입니다. 그러나 겉으로 드러나지 않은 이면에는 상한 감정이 숨어 있다는 것이 유감스럽게도 점점 분명하게 드러납니다. 저녁 내내 나눈 대화 가운데 나를 공격하는 것처럼 들린 말은 그저 한마디에 불과했는지도 모릅니다. 우리가 나눈 대화는 대부분 매우 긍정적이었을 것입니다. 그런데도 나는 나머지 말은 모두 무시하고 부정적인 1퍼센트에 초점을 맞춥니다. 그 파괴적인 1퍼센트가 어두운 거리에서 빛나는 네온사인처럼 마음속에 부각됩니다.

처음에는 상하고 화난 감정이 의식적으로 느껴지지는 않습니다. 그런 의식이 든다면 나는 즉시 그것을 쫓아 버리고 무시하면서 그런 감정이 전혀 없는 것처럼 가장하거나 웃어넘기려 할 것입니다. 만일 내가 솔직하게 감정을 그대로 받아들인다면, 나 스스로가 너무 쩨쩨하고 과민하며, 쉽게 상처 입고 자존심이 강한 사람이라고 생각될 것입니다. 그러고 나면 또 다른 불쾌한 감정, 곧 수치심이나 염려가 뒤따릅니다.

"그냥 참자. 솔직한 것도 좋지만 때와 장소가 있는 법이지. 지금은 그럴 때가 아니야. 지나가는 말 한마디에 감정이 상하다니 말도 안 돼." 나는 나 자신과 논쟁을 벌입니다. 분명 불안정해진 나의 감정 상태에 직면한다면, 내 안에 정서적인 문제가 있는 것이 드러날 것입니다. 그러니 차라리 그것을 억누르는 편이 낫다고 생각합니다.

나는 여러 가지 간접적인 경로를 통해, 내가 상담해 온 많은 여성들에게는 공통적으로 한 가지 은밀한 소원이 있다는 것을 발견했습니다. 그들은 잔소리 많고 까다로운 남편과 칭얼거리며 우는 아이들, 세탁 비누와 기름때 낀 후라이팬 같은 것을 집어던져 버리고 어딘가 아주 자유로운 곳으로 도망쳤으면 하는 소원을 가지고 있었습니다. 그러나 실제로 그들에게 그렇게 느끼고 있지 않느냐고 넌지시 묻자 그들은 깜짝 놀랐습니다. 그들은 그런 기분이 드는 자신이 침체되고 '방탕한 여자'가 된 것처럼 느낍니다. 그러나 그러한 그리스도인답지 않은 감정으로 인해 그들에게 죄가 있는 것은 아닙니다.

하루는 남자답고 억세게 생긴 외모에다 키가 매우 큰 한 광부

가 내 사무실로 찾아왔습니다. 그는 너무나 불행하다고 했습니다. 아내가 잠자리를 피한다며 침통한 얼굴로 비난의 말을 퍼부어 댔습니다. 아마도 그는 결혼 생활에서 자신이 상처받고 있으며 불안하고 외롭다고 느꼈을 것입니다. 그가 상처받은 것은 버림받은 느낌 때문이요, 불안한 것은 자신이 그녀를 만족시켜 줄 사람이 못 된다는 생각 때문이요, 외로운 것은 사랑받지 못하고 있다는 느낌 때문일 것입니다. 그러한 감정들에 직면하는 대신 그는 무의미한 욕설을 억누르지 못한 채 분노를 쏟아내고 있었습니다.

시한 폭탄을 품고

앞에서 언급한 주부와 광부, 나 자신 모두 그 상황에서 억압이라는 방법을 택했습니다. 그러나 이렇게 정직하지 못한 방법에는 윤리적인 면 이외에도 또 다른 문제가 있습니다. 억압이라는 방법은 우리 안에 시한 폭탄을 장치한 것과 같아서 엉뚱한 시간, 엉뚱한 장소에 가서 폭발하게 됩니다. 억압은 결국 여러 가지 결과로 나타나는데, 그것은 관계의 파괴에서 신체의 파괴까지, 두드러기에서 대장염까지, 냉담에서 돈 후안(중세 민간 전설에 나오는 바람둥이 귀족-역주) 같은 문란함까지 다양합니다. 불행하게도 우리의 위장은 유리로 덮여 있지도 않고, 순환계는 초과되는 정서적 무게를 감당할 수가 없습니다. 억압 때문에 치러야 하는 또 다른 대가는 좀더 생산적인 삶으로 가꿀 수 있는 며칠, 몇 주, 심지어는 몇 달이나 몇 년이라는 세월을 잃게 된다는 점입니다.

억압은 커다란 대가를 치르게 합니다. 그것은 전자 부품에서 생기는 눈에 띄지 않을 정도의 작은 결손처럼 우리 힘을 약화시키기 때문입니다. 무의식 세계의 한 구석에 이러한 감정들을 숨겨 놓기 위해서는 많은 노력이 필요합니다. 어렸을 때 나무 조각이나 고무 풍선을 물탱크의 수면 아래로 밀어 넣으려고 해 본 적이 있습니까? 이 장난이 재미있는 이유는 나무 조각이 수면으로 떠오르지 못하게 막는 일이 매우 힘들기 때문입니다. 우리의 얼굴에 폭발할 듯한 표정이 드러나고, 자신이 무슨 괴물처럼 보이지 않을까 두려워 감정을 억누르는 일은 분명 우리의 힘을 고갈

시킵니다. 그러다 보면 남을 돕고 하나님 나라의 일을 하는 힘도 전반적으로 약해질 것입니다.

감정을 억압함으로써 자신에게 정직해지지 못하면, 그것은 우리에게서 정서적·신체적·영적 에너지, 곧 충만한 활력을 빼앗아갈 뿐 아니라 정서적 상처의 치유도 방해합니다. 가까운 사람의 죽음, 이혼, 파면, 재정적 안정이나 질병 등 일상 생활에서 커다란 어려움을 당할 경우 어떻게 반응할지 잘 생각해 보십시오. 그러한 어려움은 깊이 파고들어가 보면 자존감이나 안정감 혹은 양자 모두의 상실이라는 위기를 야기합니다. 우리는 먼저 충격을 받고, 그 다음에는 상처와 슬픔과 죄책감을 경험합니다. 그리고 나면 자기 연민과 분노의 감정이 뒤따릅니다. 이러한 단계는 꼭 그 순서대로 되지는 않지만, 우리는 그 사이에서 이리저리 표류할 것입니다.

그래도 희망적인 것은 우리가 다시 재적응 단계로 들어간다는 점입니다. 그 가운데서 우리의 자아상은 약간 변하기는 하지만 말입니다. 재적응은 또한 삶에서 일어나는 변화에 반항하며 맞서려는 태도를 버렸다는 뜻도 됩니다. 그러려면 우리는 어떤

소망과 열망에 대해 일종의 심리적 장례를 치르고 새로운 목표와 꿈을 가져야 합니다. 만일 계속 감정을 억압한다면 그것은 이러한 재적응 과정을 억누르는 것과 같습니다. 결국 진정한 치유가 지연되거나, 아예 일어나지 않게 됩니다. 부정적이고 파괴적인 감정은 계속해서 우리의 정서 생활은 물론 영적·신체적 면까지 병들게 하고 해를 끼칠 것입니다.

성장

위기의 순간에 자신에게 정직해질 때 우리는 자신에 대해 더 많은 것을 발견하고, 실제로 감당할 수 있는 감정의 범위와 깊이를 알게 되며, 양파의 껍질을 벗기고 그 안을 보는 기회를 갖게 됩니다. 그러나 자신에게 정직해진다는 것은 언제나 두려운 일입니다. 우리는 우리 안에 있는 살인적으로 끓어오르는 분노나 구역질나는 자기 연민, 자신이 만신창이로 여겨질 정도의 불안감에 놀랄 것입니다. 죽음으로 우리 곁을 떠난 사람에게 '더 잘 해주지' 못했다는 죄책감 때문에, 자신을 경멸하고 미워하기까지 하는 자신을 발견할 것입니다. 하나님을 진실로 믿고 의뢰하는 면에서 자신이 생각한 것보다 훨씬 부족하다는 것, 심지어 '겨자씨 한 알'만큼에도 못 미치는 믿음을 가진 것을 깨닫게 될 것입니다.

바울은 "환난은 인내를, 인내는 연단을, 연단은 소망을 이룬다"(롬 5:3-4)라고 우리에게 말합니다. 야고보는 "내 형제들아, 너희가 여러 가지 시험을 당하거든 온전히 기쁘게 여기라. 이는 너희 믿음의 시련이 인내를 만들어 내는 줄 너희가 앎이라. 인내를 온전히 이루라. 이는 너희로 온전하고 구비하여 조금도 부족함이 없게 하려 함이라"(약 1:2-4)라고 말합니다. 이것은 로마서 8:28의 약속, "우리가 알거니와 하나님을 사랑하는 자 곧 그의 뜻대로 부르심을 입은 자들에게는 모든 것이 합력하여 선을 이루느니라"와도 일맥상통합니다. 우리에게 늘 좋은 일만 일어나는 것은 아니지만, 하나님은 우리의 갈등, 상실, 슬픔과 문젯거리로부터 선을 이루어 내십니다.

하나님은 우리를 성장시키기 위해 고통을 사용하십니다. 삶 속에서 이것을 경험할 때 우리는 실로 소망을 갖게 됩니다. 나는

무언가를 잃는 경험을 통해서 내가 교훈을 얻고 그 결과 정서적·영적으로 더 성장했다는 것을 알고 있습니다. 그렇다고 해서 더 많은 문제들이 생기기를 바라는 것은 아닙니다. 내가 아주 오래 산다면 틀림없이 더 많은 문제에 직면하게 될 것입니다. 하지만 나는 하나님이 그러한 문제에 직면하게 하실 때 그것을 통해 유익을 얻게 하신다고 확신합니다. 그런데 이런 문제들 앞에서 발생하는 감정을 억압하고 자신을 속이며, 나아가 하나님도 속인다면 어떻게 성장을 기대할 수 있겠습니까? 거짓이라는 밭에서는 진실과 그에 따르는 성장과 치유가 자랄 수 없습니다.

감정을 억압한 사람들

감정을 억압한 성경 속의 인물들을 살펴보는 것은 재미있는 교훈이 될 것입니다. 열왕기상 19장을 보면 이스라엘의 위대한 선지자 엘리야가 좌절에 빠져 광야의 로뎀나무 아래 앉아 있습니다. "죽기를 원하여 이르되 여호와여 넉넉하오니 지금 내 생명을 거두시옵소서. 나는 내 조상들보다 낫지 못하니이다"(왕상 19:4하). 갈멜 산에서 하나님의 엄청난 능력을 경험했던 엘리야가 이런 고백을 했다는 것은 아주 놀라운 일입니다. 바로 조금 전에 바알 선지자들을 참패시킨 그가 말입니다.

엘리야의 이러한 지극히 인간적인 면에 대해, 우리는 몇 가지 설명을 할 수 있습니다. 오스 기니스(Os Guiness)는 당시 엘리야가 정서적으로는 메마르고 신체적으로도 몹시 지쳐 '무너진 상태'에 처했을 것이라고 봅니다. "이스르엘까지의 드라마틱한 여정에 이은 광야에서 보낸 외로운 세월 때문에 그는 정서적으로 너무 소진되어, 하찮은 협박에도 꺾이고 말았음에 틀림없다. 그가 낙심한 것은 하나님 때문이 아니었다. 감정이 믿음과 이성을 압도하여 그를 절망의 골짜기로 몰아 넣었기 때문이다."[1] 그래서 하나님은 엘리야에게 음식과 쉼을 주셔서, 그가 더 큰 위험에 처하지 않도록 탈진 상태에서 일어날 수 있게 하십니다. 그리고 나서 자기의 길을 가도록 엘리야를 보내십니다.

그러나 40일 후에 엘리야는 호렙 산에 있는 동굴에서, 이스라

엘 중에 오직 자신만이 여호와를 진실로 따르는 자로 남았다고 다시 침통한 어조로 울부짖고 있습니다. 이러한 모습은 때때로 자기 연민에 빠지는 우리와 매우 비슷합니다. 하나님은 우리가 그러한 상황에 빠져 있을 때 우리로 하여금 현실을 보도록 이끄시는데, 이는 엘리야에게도 마찬가지였습니다. 하나님은 사실상 이스라엘의 7천이나 되는 사람이 아직 바알에게 무릎을 꿇지 않았다는 것을 엘리야에게 일깨워 주셨습니다. 따라서 엘리야는 혼자가 아니라 7천 명 중의 한 명이었습니다. 그는 자신이 유일한 존재가 되기를 바랐을지도 모르지만, 결코 그렇지는 않았습니다. 하나밖에 없는 존재가 되기 위해서는(그것이 순교를 뜻한다 해도) 어느 정도 자격이 있어야 합니다. 예수 그리스도를 제외하고는 그러한 종류의 유일성에 적합한 자격을 갖춘 사람은 (있다 해도) 거의 없습니다.

엘리야에게는 탈진한 것 말고도, 그보다 더 복잡한 문제가 얽혀 있었음이 분명합니다. 그가 내면의 어떤 감정을 억압했을 가능성도 있습니다. 이러한 억압 때문에, 피곤한 마음과 몸에 긴장이 가중되어 정서적으로 압도되어 버린 것입니다. 바알의 제사

장들과 아합 왕에게는 용감하게 맞섰지만, 그는 자신이 광야로 도망치기 바로 전에 그의 생명을 위협했던 악명 높은 이세벨을 죽을 만큼 무서워하고 있었다는 사실을 억압했던 것은 아닐까요? 자신이 유일하게 남은 하나님의 종이라고 우긴 것은, 하나님이 그를 이세벨의 분노에서 구원하시리라는 것을 신뢰하지 못하고 두려움을 숨기려고 했던 것은 아닐까요? 그가 대면하지 못하고 억압한 진짜 감정은, 마치 자기 아버지가, 못된 학교 불량배로부터 정말로 자기를 구해 줄 것인지 믿지 못하고 떨며 불안해하는 어린아이의 감정 같은 것이 아닐까요? 이에 대한 반응으로 그는 자신의 유일성을 주장했고, 이로써 자신의 자존심을 지키고 합리화하려 했던 것입니다.

  이것이 억압이 취하는 한 가지 모습입니다. 우리는 좀 덜 위험한 감정 상태에 탐닉함으로써, 진정으로 자신을 괴롭히고 있는 것을 피해 다른 방향으로 관심을 돌립니다. 우리는 겉으로는 어떤 감정에 파묻혀 있는 듯하지만 사실은 또 다른 감정이 존재하는 것에 대해서는 별로 솔직하지 못합니다. 우리는 우울감에 빠집니다. 그리고 주위에 있는 모든 사람에게 그것을 알립니다.

그러나 열등 의식이나 자격지심 등의 감정을 대면하지는 않습니다. 우리는 자기 연민에 빠짐으로써 동정받기를 기대할지 모르지만, 자신이 갈구하는 모습에 이르지 못했음을 보여 주는 분노나 두려움 혹은 불안 등은 완전히 무시해 버립니다.

때때로 나는 엘리야에게 일어난 일을 나도 경험하고 있음을 깨닫습니다. 하나님은 엘리야에게 우울의 침상을 박차고 일어나라고 부드럽게 그러나 단호하게 격려하셨습니다. 나는 인생에서 매우 불안한 시기에 처했을 때, 하나님에 대한 믿음과 신뢰가 내게 얼마나 부족한지 더욱 뚜렷하게 알게 됩니다. 내가 어른의 몸을 가진 어린아이가 아닌가 하는 생각이 들 정도입니다. 그래서 나는 엘리야에 대해 쉽게 동질감을 느낍니다. 그리고 하나님은 엘리야에게 그러셨던 것처럼 결코 나를 실망시키지 않으셨습니다.

예수님의 제자인 베드로 역시 때때로 감정을 억누른 듯합니다. 열렬하고 활달한 성격답게 베드로는 예수님을 메시아로 성육하신 하나님이라고 고백한 첫 제자였습니다. "예수께서 이르시되 너희는 나를 누구라 하느냐? 베드로가 대답하여 이르되 하나님의 그리스도시니이다"(눅 9:20). 그는 "모두 주를 버릴지라도 나는 결코 버리지 않겠나이다"(마 26:33)라고 고백하며 충성을 맹세했습니다. 그러나 예수님은 베드로가 자신이 예수님의 제자임을 부인할 때가 오리라고 예언하셨습니다. 베드로는 그것을 극구 부인했습니다.

바로 이 때 베드로가 몇 번의 회의를 억압하지 않았나 싶습니다. 그의 믿음은 자신이 인정하려고 싶은 것보다 더 약했던 것 같습니다. 곧 우리는 예수님의 예언이 그대로 이루어지는 장면을 볼 수 있습니다.

베드로가 바깥뜰에 앉았더니 한 여종이 나아와 이르되 너도 갈릴리 사람 예수와 함께 있었도다 하거늘 베드로가 모든 사람 앞에서 부인하여 이르되 나는 네가 무슨 말을 하는지 알지 못하겠노라 하며 앞문까지 나아가니 다른 여종이 그를 보고 거기 있는 사람들에게 말하되 이 사람은 나사렛 예수와 함께 있었도다 하매 베드로가 맹세하고 또 부인하여 이르되, 나는 그 사람을 알지 못하노라 하더라. 조금 후에 곁에 섰던 사람

들이 나아와 베드로에게 이르되 너도 진실로 그 도당이라 네 말소리가 너를 표명한다 하거늘 그가 저주하며 맹세하여 이르되 나는 그 사람을 알지 못하노라 하니 곧 닭이 울더라(마 26:69-74).

이 사건은, 다른 사람들은 그렇지 않았지만 예수님은 자신과 다른 사람에게 정직하셨다는 것을 보여 주는 한 예입니다. 예수님도 틀림없이 제자들의 성숙도와 충성심과 장차 있을 배반 행위 등 그 실상에 대해 알고 느끼는 바를 억누르고 싶으셨을 것입니다. 그러나 예수님은 그렇게 하지 않으셨습니다.

두 종류의 죄책감

의심할 나위 없이 우리가 가장 흔하게 억압하는 감정은 죄책감입니다. 이스라엘의 왕 가운데 가장 유명한 다윗 왕은 감정을 억누르는 경향의 사람은 아니었습니다. 그러나 다윗이 밧세바와 간음을 저지르고 그녀의 남편을 살해한 뒤, 우리 생각으로는 그가 마땅히 죄책감을 느꼈을 것 같은데 그가 죄책감을 인정한 흔적을 찾아볼 수 없습니다. 그는 나중에 선지자 나단과 대면하고서야 비로소 죄를 고백했고, 그리하여 억지로나마 자신의 죄책감을 정직하게 받아들였습니다. 우리는 대부분 죄책감에 대처하는 방법으로 억압을 택합니다. 만일 우리가 자기 기만에 마주친다면 다윗보다 훨씬 더 노여워하고 방어적이 될 것입니다.

도널드 트위디는 "죄책감은 과거에 잘못한 행동을 깨닫는 동시에 그 잘못된 행동을 도저히 돌이킬 수 없다는 절망적 생각이 결부되어 나타나는 감정 상태. 실제로 과거에 변화를 줄 만한 적극적 행동이 불가능하기 때문에 죄책감은 침체 상태를 초래한다"라고 했습니다.[2] 우리는 가끔 자신의 침체 상태를 인정하지만, 그 원인에 대해서는 솔직하게 밝히지 않습니다.

그러나 우리가 억누르는 또 다른 종류의 죄책감이 있습니다. 성경에 비추어 볼 때 이와 같은 형태의 죄책감은 결코 존재해서는 안 된다며 그것을 억누르는 것입니다. 그러나 그것은 곧 비극으로 이어집니다. 고린도후서 7:9-10에 의거하여, 나는 폴 투르

니에가 언급한 '참된 죄책감'과 '거짓된 죄책감'을 구별하려고 합니다.[3] 바울은 회개에 이르게 하는 경건한 근심이 있는가 하면, 사망에 이르게 하는 근심이 있다고 말합니다. 나는 경건한 근심을 참된 죄책감, 즉 우리가 진정으로 하나님 앞에서 도덕적인 죄책감—성경의 말씀에 비추어 갖게 되는—가운데 있을 때 갖는 감정과 동일시하고자 합니다. 반면 세상 근심 즉 '거짓된 죄책감'은 성경이 하나님의 도덕법을 어기는 것이라고 말하지 않는데도 우리가 잘못을 '느끼는' 감정입니다. 이 거짓된 죄책감은 파괴적입니다. 이것은 하나님이 아니라 사탄에게서 온 것입니다.

종종 어떤 권위 있는 인물로부터 받은 잘못된 가르침이 거짓된 죄책감의 직접적인 원인이 됩니다. 남편과 성관계를 가질 때 느끼는 감정은 물론, 성적인 감정에 대해서는 무조건 심한 죄책감을 가지는 어떤 여인이 있습니다. 그녀는 어릴 때부터 성(性)은 나쁘고 악하며 죄된 것이어서 훌륭한 그리스도인 여성은 결코 성적 흥분을 느끼지 않는다고 배웠다고 합니다. 이 가르침은 비성경적이었지만, 그녀는 어른이 되어서도 그러한 감정이 일어날 때는 언제나 죄책감을 느끼고 재빨리 억압해 버린 것입니다.

한편 그녀는 그리스도인으로서, 남편이 요구하는 성행위를 거부하는 것에 대해서도 죄책감을 갖게 되어 딜레마에 빠집니다(고린도전서 7장에 나오는 성경의 명령은 이러한 거부가 결혼에 따르는 책임을 회피하는 것이라고 분명히 밝히고 있습니다). 그래서 그녀는 섹스에 적극적으로 즐거이 참여할 때도 죄책감을 느끼지만, 거부할 때도 죄책감을 느낍니다.

그녀에게 나타나는 여러 가지 증상은 그녀의 속박 상태가 어느 정도인지를 보여 줍니다. 그녀는 긴장성 두통, 만성 피로, 여러 가지 부인병 증세를 느끼기 시작할 것입니다. 물론 이러한 증상들은 다른 요인에 의해 생길 수도 있기 때문에, 그녀는 계속해서 자신의 죄책감을 억압할 수 있습니다.

그녀가 찾은 해결책은 무엇일까요? 그녀는 섹스를 '의무'로 여기고 의식적으로 참여하지만, 성적인 자극은 조심스럽게 피하며 오르가즘을 비롯한 성생활의 즐거움을 느끼는 것은 허락하지 않습니다. 그런데 한편으로 그녀는 남편이 욕구 불만이나 무력감 또는 노여움을 느끼지 않게 하려고 흥분된 상태나 만족

스런 모습을 꾸며내야 하므로 자신을 또다시 속입니다. 이러한 해결책은 문제를 더 복잡하게 할 뿐입니다.

우리는 여기서 거짓된 죄책감 역시 참된 죄책감과 똑같이 느껴진다는 것을 주목해야 합니다. 억압은 두 가지 죄책감을 모두 부정직하게 다루는 데 사용될 수 있습니다. 우리는 이 때 하나님의 뜻을 알려 주는 참된 기준인 성경을 통해 거짓된 죄책감을 해결할 수 있습니다. 만일 죄책감이 거짓된 것으로 드러나면, 우리는 하나님께 중압감을 없애 달라고 기도할 수 있습니다.

트위디 박사는, "죄책감을 느끼는 사람은 자신이 하나님의 말씀에 확실히 나타나 있는 도덕적 기준을 범했을지도 모른다고, 혹은 범했다고 생각한다.…성경의 분명한 가르침은, 믿음으로 하지 않는 행동이 죄라는 것이다(롬 14:23)"[4]라고 말하면서, 모든 죄책감은 죄에서 기인한다고 생각합니다. 어떤 사람이 스스로 성경의 가르침이라고 생각하는 것에 위반된 행동을 한다면, 비록 그 행동 자체는 죄가 아닐지라도 그것을 어기려는 마음 때문에 죄책감을 가지게 된다는 점에 나는 동의합니다. 몇몇 경우에는 내가 예를 들었듯이, '그렇게 했어도 잘못된 것 같고 그렇게 하지 않았어도 잘못된 것같이' 느낄 수 있습니다. 죄책감에 대처하려면 그 근원이 무엇이든 부정직한 방법이 아니라 정직한 방법으로 해야 한다는 것이 나의 생각입니다. 무조건 억압만 하면 회개하지 못하게 되고, '바리새적 전통이라는 왜곡된 길에서 우리를 인도해 낼 양심의 정화 작업' 또한 막히게 됩니다.[5]

브루스 내러모어(Bruce Narramore)는 경건한 근심이 건설적일 수 있는 반면, 모든 '심리적인 죄책감' 즉 거짓된 죄책감은 파괴적이라고 했습니다.[6] 그와 내가 다른 점은 사용하고 있는 용어가 다른 것이라고 생각합니다. 중요한 것은 우리가 어떻게 참된 죄책감과 이를 억압하는 문제를 해결하느냐 하는 것입니다. 예수님의 희생적 죽음이라는 속죄 행위로 말미암아 하나님이 우리 죄를 용서해 주셨다는 것을 받아들이고, 그리하여 영적으로 거듭나서 하나님의 가족이 되었다면, 우리는 결코 그분으로부터 죄인 취급을 받지 않습니다. 그리스도의 의가 우리에게 전가되었으므로, 우리는 심판관이신 하나님 앞에서 완전하게 되었습니다. 이런 의미에서 우리는 이미 '무죄' 선고를 받은 것입니다.

그러나 그리스도인일지라도 계속 죄를 짓게 됩니다. 즉 여전히 하나님의 도덕법을 어깁니다. 그러므로 우리는 잘못을 인식할 수 있어야 합니다. 그래야 우리가 넘어졌음을 그분께 인정하고 회개할 수 있습니다. 그러나 잘못을 인정한 후에는 죄책감을 느낄 필요가 없습니다. 성경이 말하는 진정한 죄의 결과로 생기는 죄의식이나 죄책감(경건한 근심)은 고통이나 불쾌함 같은 부정적인 감정이지만, 우리에게 무언가 잘못되어 있다는 것을 알려 준다는 점에서 유용한 것입니다. 이러한 감정은 우리가 솔직하게 대면한다면 성령의 사역의 일부로서 성경에 비추어 검토될 수 있을 것입니다. 만일 우리가 이러한 감정을 통해 우리에게 고백하지 않은 죄가 있다는 것을 깨닫는다면, 그 때 우리는 회개와 건설적인 성장을 향하여 나아갈 수 있을 것입니다.

도움이 필요한 경우

억압된 감정을 표출하는 일은 때로 고통스러울 수 있습니다. 그것은 항상 짧은 기간 내에 일어나는 일은 아니며, 어떤 경우에는 그렇게 되어서도 안 됩니다. 이 장에서 나는 오래 전에 경험한 감정보다는 현재의 감정을 억압하는 일과 표출하는 일에 강조점을 두었습니다. 오랫동안 억압해 온 감정, 특히 강한 충격과 관련된 감정을 표출한다는 것은 어떤 상황에서는 최선책이 아닐 수도 있습니다. 억압은 우리 삶에서 직면하는 심각한 위기 상황에서 보호벽의 역할을 할 수도 있습니다. 또한 억압하는 상황이 너무 지연되지 않는다는 전제 하에 우리가 그 문제에 정면으로 맞서기까지 내면의 힘을 기르는 데 필요한 시간을 공급한다고 볼 수도 있습니다. 억압된 감정이 표면으로 부상할 때까지 그 과정에는 시간과 인내가 요구됩니다.

만일 감정을 솔직하게 표현하는 것에 대해 내적으로 거부 반응을 일으키거나 두려움을 느끼고 있다면, 그 과정을 혼자서 헤쳐 나가려고 하기보다는 전문 치료자와 함께 해결하는 것이 현명합니다. 여기에는 엄청난 노력이 필요할 것입니다. 혼자서 애쓰다가 지치면 평소보다 훨씬 더 정서적으로 취약해집니다. 적절한 상담가가 제공해 주는 분별과 좀더 객관적인 통찰은 유익

할 뿐 아니라 때로는 꼭 필요하기도 합니다.[7]

 억압된 감정을 표현하는 습관을 들이는 것은 쉽지 않습니다. 그러나 그렇게 하지 않을 때 치를 대가에 대해서도 생각해야 합니다. 우울증, 자격지심, 공포, 죄책감 등 우리가 느끼는 감정이 무엇이든 간에 감정을 억압하는 것은 더 큰 문제를 낳게 됩니다. 자신에게 정직하지 못한 억압은 반드시 그 대가를 치르게 될 것입니다.

4. 표출: 내키는 대로 하자

　　　　　　　　감정을 처리하는 두 번째 방식은 표출입니다. 표출한다(express)는 것은 감정을 외적인 행동으로 드러내는 것, 즉 감정에 따라 '내키는 대로' 행동하여 주위에 있는 이들에게 감정을 내보인다는 의미입니다. 좀더 노골적으로는 진탕 술을 마시거나 방탕한 길로 가거나 다른 사람의 머리를 세게 때리는 등의 행동으로 표현될 수도 있습니다. 그러나 우리는 대부분 좀더 교묘한 형태로 감정을 표출합니다. 분노, 죄책

감, 상처, 질투 같은 부정적인 감정을 폭언이나 비난, 혹은 문제의 원인이 된 사람에게 앙갚음을 함으로써 처리합니다.

우리가 항상 즐겨 쓰는 표출 방법은 언어로 살인하는 것(verbal homicide)입니다. 우리는 세 치 혀로 상대를 쓰러뜨리는 것이 얼마나 쉬운지 잘 알고 있습니다. 혀로 살인하는 사람이 총으로 살인하는 사람보다 많습니다. 이 살인은 자아를 죽이는 것, 곧 사람의 자존감을 죽이는 일입니다. 여기에 보통 숨어 있는 전략은 다른 사람의 마음속에 죄책감을 일으키려는 것입니다. 상대방으로 하여금 자신을 전혀 무가치한 존재로 여기게 만듦으로써 우리는 상대적으로 자신을 높이게 됩니다.

전략과 전술

나는 내 속에서 너무나 자주, 특히 수세에 몰려 있다고 느낄 때 이러한 경향이 생기는 것을 발견합니다. 예를 들면, 아내가 내 행동 방식에 대해 어떤 타당한 비판을 하는 경우가 있습니다. 그러면 나는 그에 대한 반응으로 그

비판에 대해 생각해 보거나 순순히 받아들이기보다는 일단 한바탕 방어 사격을 퍼부어 댑니다. 아내가 나를 관찰하여 비판하는 것이 내 마음을 상하게 하려는 것이 아니라 나를 도우려는 것이라는 생각이 웬일인지 잘 떠오르지 않습니다.

그래서 나는 그러한 내 행동이 그녀나 다른 사람 때문이었다고 비난의 화살을 돌립니다. 나는 그녀가 예전에 잘못한 일을 들추어 내기도 합니다. 그녀의 잘못을 들추어 내서 나에 대한 비판을 무마시키고 오히려 죄책감을 느끼는 그녀가 입을 다물게 하려는 것입니다. 혹은 아내의 말을 거부하고 무시해 버리는 태도로 일관하거나 화난 기분을 노골적으로 드러내며 폭발시켜, 다음부터는 그녀가 그런 말을 쉽게 하지 못하도록 합니다.

그러나 이러한 행동은 마치 내게 작은 돌멩이를 던진 짓궂은 아이에게 큰 바위 덩어리를 집어던지는 것과 같습니다. 그렇게 반응할 때 나는 그녀의 죄책감을 자극함으로써 그녀의 비판이 합당하지 않은 것처럼 조장하고, 내가 직면하기 싫은 사실이 더 이상 폭로되지 않도록 막으려는 것입니다. 상대방의 죄책감을 불러일으키는 말들은 실상은 나의 방어적인 분노, 불안감, 상

처, 죄책감 등이 왜곡되어 표출된 것입니다.

세월이 지나 우리 부부가 상대방을 잘 알게 된 이후로, 내가 이런 전술을 꾀할 때면 아내는 곧바로 내 속마음을 꿰뚫어 보고 나무랍니다. 그럼에도 여전히 나는 때때로 죄책감을 일으키게 하는 미끼를 던져 그녀를 낚아챕니다. 훨씬 드문 일이긴 하지만 그녀가 나에게 미끼를 던질 때도 있습니다. 그러나 이런 식으로만 한다면, 우리 두 사람 중 누구도 성장하지 못합니다. 한쪽이 자신의 자아가 공격받는 것을 희미하게라도 인식하면, 결국 두 사람 모두 분노하게 됩니다. 우리는 불안감이든 죄책감이든 두려움이든 열등 의식이든, 부정적인 감정을 언어로 표출함으로써 처리하려 한다면 파괴적인 결과가 따를 수 있음을 예측해야 합니다.

트위디는 다음과 같이 말합니다.

나는 분노를 표출하고 나면 언제나 후회하게 된다는(잠시 동안은 그렇지 않다고 합리화하려 하겠지만) 것을 고백해야겠다. 분노를 표출하는 것은 개인 건강의 측면에서 항상 파괴적인 방식이라고 생각한다. 그렇게 표출하는 것이 긴장된 위기의식을 누그러뜨릴 수도 있고, 속으로만 삭이는 분노는 신체적으로나 심리적으로 해가 될 수 있다고 할지라도, 여전히 나는 이러한 내 견해를 주장하고 싶다. 분노를 표출하는 것은 끓는 냄비에서 뛰쳐나와 불 속으로 들어가는 것과도 같다. 심리 요법의 기본 목표는 고통받는 사람으로 하여금 사랑하는 법을 배우도록 돕는 것이다. 나는 미움을 통해서 이러한 일이 일어나는 것은 한 번도 보지 못했다.[1]

트위디 박사의 말은, 우리가 분노라는 감정을 겪어서는 안 된다는 것이 아니라, 그러한 감정을 파괴적으로 표출하는 것이 위험하다는 것입니다. 그는 분노 이외의 다른 감정에도 이러한 생각을 적용할 것입니다.

언어를 통해 파괴적으로 감정을 표출하는 일에 대해 야고보는 다음과 같이 말합니다.

우리가 다 실수가 많으니 만일 말에 실수가 없는 자라면 곧

온전한 사람이라. 능히 온 몸도 굴레 씌우리라. 우리가 말들의 입에 재갈 물리는 것은 우리에게 순종하게 하려고 그 온 몸을 제어하는 것이라. 또 배를 보라. 그렇게 크고 광풍에 밀려가는 것들을 지극히 작은 키로써 사공의 뜻대로 운행하나니 이와 같이 혀도 작은 지체로되 큰 것을 자랑하도다. 보라 얼마나 작은 불이 얼마나 많은 나무를 태우는가. 혀는 곧 불이요 불의의 세계라.…이것으로 우리가 주 아버지를 찬송하고 또 이것으로 하나님의 형상대로 지음을 받은 사람을 저주하나니 한 입에서 찬송과 저주가 나오는도다. 내 형제들아 이것이 마땅하지 아니하니라(약 3:2-10).

야고보는 또한 이와 같이 말합니다. "사람마다 듣기는 속히 하고 말하기는 더디 하며 성내기도 더디 하라"(약 1:19).

숲 속으로

성경에는 감정을 표출한 예가 많이 나옵니다. 하와와 아담의 이야기는 우리가 흔히 '적극적' 감정으로 여기고 싶어하는 것, 욕망, 호기심, 지식욕, 그리고 나아가 하나님처럼 되려는 즉 스스로 하나님이 되려는 강한 욕망을 그들이 어떤 식으로 표현했는지를 보여 줍니다.

에덴 동산의 아담과 하와는 어떤 면에서 우리와 비슷한 상황에 있었습니다. 우리는 종종 우리가 마땅히 행해야 하는 바에 대한 하나님의 계시된 뜻과, 그 순간에 제멋대로 하고 싶은 마음 사이에서 선택해야 하는 상황, 트위디의 표현으로 말하면 '믿음과 감정 사이에서 선택해야' 할 상황에 처합니다. 에덴 동산에서 아담과 하와는, 창조주의 명령을 따르지 않기로 선택한 결과는 죽음이라는 것을 알았습니다. 그것은 영적인 죽음, 곧 하나님과의 단절을 뜻하는 것이었습니다. 그럼에도 그들은 마음대로 하고 싶다는 그 감정을 따르기로 했습니다. 그리고 그들이 이러한 감정을 실행에 옮겼을 때 어쩔 수 없는 결과가 야기되었습니다. "욕심이 잉태한즉 죄를 낳고 죄가 장성한즉 사망

을 낳느니라"(약 1:15).

아담과 하와가 자신들의 감정을 표출함으로써 죄를 지었을 때, 그들은 새로운 감정 즉 죄책감을 느꼈습니다. 그들은 우리에게 아주 익숙한 방식으로 반응했습니다. 하나님으로부터는 '선악을 알게 하는 나무'의 실과를 먹지 말라는 말을 들었고, 사탄으로부터는 그것을 먹으면 하나님과 같이 되리라는 말을 들은 뒤, 여자(하와)는 다음과 같이 행동했습니다.

여자가 그 나무를 본즉 먹음직도 하고 보암직도 하고 지혜롭게 할 만큼 탐스럽기도 한 나무인지라. 여자가 그 열매를 따 먹고 자기와 함께 있는 남편에게도 주매 그도 먹은지라. 이에 그들의 눈이 밝아져 자기들이 벗은 줄을 알고 무화과 나무 잎을 엮어 치마로 삼았더라. 그들이 그 날 바람이 불 때 동산에 거니시는 여호와 하나님의 소리를 듣고 아담과 그의 아내가 여호와 하나님의 낯을 피하여 동산 나무 사이에 숨은지라. 여호와 하나님이 아담을 부르시며 그에게 이르시되 네가 어디 있느냐. 이르되 내가 동산에서 하나님의 소리를 듣고 내가 벗었으므로 두려워하여 숨었나이다. 이르시되 누가 너의 벗었음을 네게 알렸느냐. 내가 네게 먹지 말라 명한 그 나무 열매를 네가 먹었느냐. 아담이 이르되 하나님이 주셔서 나와 함께 있게 하신 여자 그가 그 나무 열매를 내게 주므로 내가 먹었나이다. 여호와 하나님이 여자에게 이르시되 네가 어찌하여 이렇게 하였느냐. 여자가 이르되 뱀[사탄]이 나를 꾀므로 내가 먹었나이다(창 3:6-13).

어떤 이는 이것이 무슨 황당한 이야기냐고 말할지 모릅니다. 그러나 사실 우리의 모습도 이와 별반 다르지 않습니다. 이들이 나무 사이에 숨는 장면은 어딘지 낯익은 인상을 줍니다. 그것은 감정을 억압하려고 무의식의 밀림 속에 숨는 것과 같습니다. 하나님이 그들을 꾸짖으시기에 앞서 단순한 질문을 하셨을 때, 아담과 하와 둘 다 편리한 핑계거리를 재빨리 찾아냈습니다. 자신의 죄책감을 다른 사람에게 뒤집어씌운 것입니다. 이런 식으로 죄책감을 처리하려는 시도는 아무 소용이 없습니다. 하나님은 그들과 변론을 벌이지 않으셨습니다. 단지 그 결과를 분명히 말

씀해 주셨을 따름입니다.

자녀는 부모를 본보기로 삼아 많은 것을 배웁니다. 우리는 대개 부모를 보면서 인생을 대처해 나가는 기본 전략을 배웁니다. 가인과 아벨은, 감정을 억압하거나 표출하는 두 가지 경향을 모두 가진 부모 아래서 자랐습니다. 가인은 아마도 하나님에게는 분노하고 아벨에게는 시기심을 품었으며 자기 자신에게는 무력감과 열등감을 느껴, 마침내 동생을 살해하는 것으로 자신의 감정을 표출한 것 같습니다(창 4장).

인류 역사에서 첫 두 세대의 출발은 그다지 순조롭지 못했습니다. 그 이래 우리는 모두 그들과 마찬가지로 믿음보다는 감정을 아주 빈번히 표출해 왔습니다.

모세도 그러했습니다. 모세는 행동이 매우 거친 사람이었습니다. 화가 나서 무엇이든 부수고 싶어지면, 실행에 옮겼습니다. 처음에는 이집트인을 살해했고, 다음으로는 두 돌판을 깨뜨렸으며, 또 신 광야의 므리바 가데스에서는 반석을 세게 내리쳤습니다(출 2, 32장; 민 20장). 돌판을 깨뜨린 사건은 정당화할 수 있지만 나머지 두 경우는 그에게 많은 어려움을 주었습니다. 어린 시절, 그는 세계 최고 권력자 중 하나였던 이집트 왕 파라오의 딸의 양자였습니다. 어머니가 호화로운 궁궐에서 애지중지 키웠다고 해서, 누구나 인내심 없고 버릇없는 아이가 되는 것은 아닙니다. 여러 해 동안 궁궐에서 살면서 그는 성질을 억누르기도 했겠지만, 한 번 작정하면 자신의 감정을 있는 그대로 드러냈습니다. 그가 세 번째로 하나님 앞에서 자신의 감정을 표출했을 때 즉시 그에 따르는 결과가 선언되었고, 이는 그들에게 최후 판결이 되고 말았습니다.

얼핏 보기에는 사소한 실수를 가지고 모세를 그토록 호되게 꾸짖으신 하나님이 너무 가혹하게 여겨질지 모르지만, 다음 내용을 보십시오. 그가 얼마나 큰 죄를 지은 것인지 알 수 있습니다.

첫째, 모세는 하나님이 하신 일을 자신의 공로로 여겼습니다. 둘째, 그는 반석을 향해 명령하라는 하나님의 말씀에 불순종했습니다. 셋째, 그는 화를 냈습니다. 넷째, 그는 회중에게 거친 표현을 사용하여 말했습니다. 다섯째, 그는 그들의 요구 사항에 분개했습니다. 여섯째, 그는 불신의 죄를 지었습니다. 일곱째, 그는 백성 앞에서 하나님께 영광을 돌리지 않았습니다. 여덟째, 그

는 하나님께 반역하였습니다.[2]

그는 하나님께도 자신에게도 자신의 감정에 대해 정직하게 처신하지 않았고 그저 이끌리는 대로 표출했습니다. 쉽게 화를 내는 사람은 이러한 모세의 모습에서 종종 자신의 모습을 발견할 수 있을 것입니다. 분노를 아무렇게나 터뜨렸을 때, 몇 주, 몇 달, 때로는 몇 년이 지나서 그 대가를 치르는 경우가 얼마나 많습니까? 이런 식으로 감정을 표출하는 것은 정말 비싼 값을 치르는 일입니다.

염려는 하나님을 불신하는 것

아브라함은 위대한 믿음의 인물이요 '주의 벗'(대하 20:7)이라 일컬음을 받은 이였지만, 그의 인간적인 약점 역시 우리에게 교훈이 됩니다. 놀라운 것은 잘 알려진 믿음의 사람인 그가 잘못 표출된 염려 때문에 어려움을 겪었다는 사실입니다. 이것은 우리도 대부분 경험하는 문제입니다.

염려에 휩싸일 때 우리 중심에 있는 그 감정의 실상은 신뢰의 부족, 즉 하나님에 대한 불신입니다. 우리의 염려는 바로 그 불신이 표출된 것입니다.

"내가 알기에 그대는 아리따운 여인이라. 애굽 사람이 그대를 볼 때에 이르기를 '이는 그의 아내라' 하여 나는 죽이고 그대는 살리리니 원하건대 그대는 나의 누이라 하라. 그러면 내가 그대로 말미암아 안전하고 내 목숨이 그대로 말미암아 보존되리라"(창 12:11하-13). 아브라함이 아내 사라에게 이렇게 말한 이면에는 염려하는 마음이 있었음이 분명합니다. 사라는 실제로 미인이었기 때문에 아브라함은 이집트 사람들이 주저없이 그녀를 과부로 만들까봐 두려웠습니다. 당시에 그녀의 나이가 70-80대였음을 고려한다면 이는 한결 더 흥미롭습니다. 당시에는 사람들이 오늘날보다 더 오래 살았다는 점을 감안한다 해도 그녀는 어느 정도 성적 매력이 풍기는 노부인이었을 것입니다. 그녀가 나타났을 때 파라오의 대신들이 깜짝 놀란 눈으로 주목할 정도였기 때문입니다.

아브라함은 아름다운 아내 때문에 자기가 죽임을 당할까 두려워 거짓말을 하기로 했습니다. 비록 그 말이 어느 정도는 사실일지라도(사라는 그의 이복 누이동생이었습니다), 속이려는 의도가 있었으므로 그는 거짓말을 한 것입니다. 아브라함에게 정말 문제가 되었던 것은, 우리가 염려할 때도 그러하듯이 하나님에 대한 근본적인 신뢰가 부족했다는 점이었습니다. 위기가 닥치면 우리는 하나님이 우리를 외면하시지 않을까 걱정하며 괴로워합니다. 그러면서도 우리는 어려운 상황이나 우리가 느끼는 불신에 대해 그분께 정직하게 말하려 하지 않습니다. 불신은 여러 가지 행동으로 나타날 수 있습니다. 아브라함은 거짓말이라는 방법을 택했습니다. 그리하여 그의 아내를 탐한 자들은 아브라함을 그저 태평한 처남으로 생각하며 그녀를 쉽게 후궁으로 데려갔을 것입니다. 그리고 파라오는 그녀를 후궁으로 삼기 위해 그를 제거할 필요가 없었습니다. 아브라함은 이렇게 위험을 모면하려 했던 것이었습니다.

놀랍게도, 아브라함은 한 번이 아니라 두 번이나 거짓말을 했습니다. 사라는 89세쯤 될 때까지도 아주 매력적이어서 그랄에 있는 아비멜렉 왕의 관심을 끌었습니다(창 20장). 이번에도 아

브라함은 왕에게 아내를 누이라고 소개했습니다. 이 두 번째 사건이 일어나기 전에, 하나님은 아브라함과 언약을 맺으셨습니다. 그것은 사라가 큰 민족의 시조가 될 아들을 낳으리라는 약속으로, 이는 사라의 나이에 비추어 본다면 놀랍고 기쁜 소식이었습니다. 그런데 이렇게 하나님과 친밀한 관계를 맺은 후에 아브라함은 또 다시 믿음의 실책을 범한 것이었습니다. 그는 자신의 염려를 거짓말이라는 방식으로 표출했습니다.

위기에 처할 때 우리는 얼마나 자주 수단과 방법을 가리지 않고 염려와 두려움과 하나님에 대한 불신을 표출합니까? 진퇴양난에서 벗어나기 위해 우리는 거짓말하고 훔치고 속이고 반쪽의 진실만 말합니다. 우리는 몇 번이고 반복하여 하나님은 신뢰할 만한 분이심을 배운 뒤에도 잘못을 되풀이합니다. 그리고 우리의 자녀들도 우리가 염려를 표출했던 방식을 그대로 배워 잘못을 되풀이합니다.

아브라함과 사라의 아들 이삭은 하나님의 언약에 따라 태어났습니다. 이삭이 그랄에서 살기로 했을 때 무슨 일이 있었을까요? 아마 당신도 추측할 수 있을 것입니다. 그는 그 지방 사람들에게 아내 리브가를 자신의 누이로 소개했습니다. 아마도 그는 자신의 아버지가 이따금 그런 방법을 사용했다는 것을 들은 듯합니다. 어쨌든 아비멜렉 왕(아브라함이 사라에 대해 거짓말을 했던 바로 그 왕)은 어느 날 이삭이 남매지간이라면 취할 수 없는 자세로 리브가를 껴안는 것을 보았고, 속임수는 종국을 맞이했습니다. 어떤 면에서 이 블레셋의 주권자는 이러한 상황에서 아브라함이나 이삭보다 하나님께 더 경의를 표한 것입니다. 그는 자신은 물론이고 그의 백성이 사라나 리브가와 성적인 방종에 빠진다면, 유대인의 하나님이 그들을 쓸어 버리실 것임을 알고 있었습니다(창 26장).

믿음을 따를 것인가, 감정을 따를 것인가?

성경에는 불안, 공포, 하나님에 대한 불신 등의 감정을 어떤 식으로든 표현하거나 행동으로 옮긴 사람들의 예가 나와 있습니다. 어떤 사람은 습관적으로 그렇게

하기도 하고, 또 어떤 사람은 여러 해 동안 믿음을 잘 지키다가 순간적으로 혼란에 빠지기도 합니다. 최근에 하나님의 자녀가 되었건 오래된 그리스도인이건, 모두 이 교훈을 신중하게 생각해야 합니다. 우리는 상처받기 쉬운 존재입니다. 성경이 위대한 믿음의 인물들의 강한 면뿐 아니라 약한 면도 보여 주는 까닭은, 우리로 하여금 우리의 결점을 무조건 끌어안고 안심하게 하려는 것이 아니라, 자신을 좀더 분명하고 정직하게 볼 수 있도록 하기 위함입니다.

우리는 분노, 염려, 격분, 배척감, 불안, 무력감, 권력욕, 성욕 등 어떤 부정적인 감정을 마구 표출하고 싶을 때가 있습니다. 이때 정말 문제가 되는 것은, 우리의 믿음과 감정이 서로 모순될 때 믿음을 따를 것인가 아니면 감정을 따를 것인가 하는 점입니다. 어느 쪽이 우선입니까? 우리의 참 하나님은 누구입니까? 우리의 궁극적 권위는 무엇입니까? 우리가 믿음이 아닌 감정을 선택한다면 우리는 자기 자신을 자신의 권위, 자신의 신으로 삼는 것입니다. 그렇게 하여 우리의 감정은 우상이 됩니다.

믿음과 감정 사이에서 선택을 하는 문제에서, 처음에는 둘 사이에 갈등이 있다는 것을 솔직하게 인정해야 합니다. 같은 교회에 다니는 어떤 기혼 남자와 애정 관계를 맺고 있던 한 젊은 여인이 그 관계에 대해 확신이 없다며 나에게 상담을 요청한 적이 있습니다. 나는 그녀에게 그리스도인으로 자처하는 사람으로서 명확히 상반되는 성경의 명령에 비추어 어떻게 자신의 행동을 설명하겠는지 물어 보았습니다. 그녀의 대답은, 하나님은 우리가 행복해지기를 원하시는데, 그 남자와의 관계가 자신을 행복하게 해주었으므로 성경에서 말하는 것이 무엇이든 상관없이 하나님은 자신의 행동을 용납해 주시리라는 것이었습니다. 성경은 그저 일반적인 지침만을 제시하는 책이므로, 자신이 사랑에 빠져 행복한 감정을 느낀다면 그런 지침은 무시해도 좋다고 생각하는 것 같았습니다. 그녀는 하나님이 분명 자신의 모험을 눈감아 주시리라고 생각하고 있었습니다. 마치 어린 소녀가 아빠의 무릎에 앉아서 아빠를 마음대로 부리는 것처럼 말입니다. 우리 대부분은 정직함이라는 측면에서는 이 여인보다 좀더 낫겠지만, 우리도 별반 다를 게 없는 경우도 종종 있습니다.

나는 언젠가 감정을 따를 것인가 아니면 궁극적 권위를 따를

것인가 하는 갈등에 관해 좀더 설득력 있는 교훈을 주는 테이프를 들은 적이 있습니다. 그 테이프에는 경비행기를 타고 구름 속으로 진입하는 한 비행사의 음성이 녹음되어 있었습니다. 그는 자신감 있는 비행사였고 심지어 무모하기조차 했습니다. 그런데 잠시 후 그는 당황하기 시작했습니다. 비행기의 계기는 그가 나선형을 그리며 하강하고 있으니 추락을 피할 방법을 찾으라고 명령했습니다. 그러나 그의 느낌은 계기판이 잘못된 것이라고 믿고 정반대로 명령했습니다. 그는 갈등하다가 결국 느낌에 따라 행동했고 그의 목소리는 긴장되는가 싶더니 높아졌습니다. 그리고 테이프는 갑자기 끝이 났습니다.

5. 고백: 정직이 최선의 방책

지금까지는 감정을 억압하고 함부로 표출하는 것이 정직하지 못하고 파괴적이라는 것을 보았습니다. 그러면 이제 우리에게 남아 있는 다른 길은 무엇입니까? 우리가 감정을 다루는 세 번째 방식은 고백입니다. 고백이라는 말은 보통 부정적인 의미로 인식됩니다. 이 말은 당신에게 어떤 바람직하지 못한 점이 있다는 것을, 혹은 과거부터 그래 왔다는 것을 인정한다는 뜻입니다. 이 말은 화가 난 부모님이 잘못을 인

정하라고 다그치는 앞에서 풀죽은 모습으로 머리를 숙이고 있던 어린 시절의 기억을 떠올리게 합니다.

두 종류의 고백

그러나 나는 고백은 긍정적인 방식으로 사용될 수 있다고 생각합니다. 무엇보다도 나는 그리스도인으로서 하나님이 내게 '성내지' 않으신다는 것과, 내가 지은 모든 죄를 용서받았다는 것과, 그분으로부터 벌을 받을까 두려워하지 않아도 된다는 것을 알고 있습니다. 그러므로 죄를 고백한다는 것은 하나님의 뜻을 어겼을 때 그분 앞에서 그것을 인정하고 그분의 뜻에 동의하는 것입니다. 한편 감정을 고백한다는 것은 자신의 감정에 솔직하게 직면하는 것, 즉 그 감정이 어떠한 것이든, 얼마나 두렵고 불쾌한 것이든 간에 내게 그런 감정이 있다는 사실을 인정하고 그런 감정을 '자기 것'으로 시인하는 것입니다. 그렇다고 감정이 모두 죄된 것이라는 뜻은 아닙니다. 많은 경우에 감정의 고백이 반드시 죄와 관계 있는 것은 아닙니다. 또한 고백은 공동체의 그리스도인들과 함께 자신의 죄와 감정을 나누는 것도 포함할 수 있습니다(약 5:16).

에베소서 4장은 그리스도를 우리의 주로 모신 후의 새로운 삶에 대해 언급하고 있습니다.

> 하나님을 따라 의와 진리의 거룩함으로 지으심을 받은 새 사람을 입으라. 그런즉 거짓을 버리고 각각 그 이웃과 더불어 참된 것을 말하라. 이는 우리가 서로 지체가 됨이라. 분을 내어도 죄를 짓지 말며 해가 지도록 분을 품지 말고 마귀에게 틈을 주지 말라(엡 4:24-27).

이 구절은 우리 삶 속에 뿌리박힌 부정직과 기만을 버리라고 말합니다. 여기서 강조점은 진리라는 말에 있습니다. 우리는 감정(이 경우에는 분노)에 대해서 정직해야 하지만 그것을 행동으로 나타내어(표출) 죄를 짓지는 말아야 합니다. 우리는 의식적으로나 무의식적으로나 파괴적인 감정들을 숨기지(억압) 말아야 합니다. 자신의 감정에 부정직함으로써 마귀에게 조종할 틈

을 주지 말고 진실을 말해야(고백) 합니다.

예를 들어 아내가 내게 감정을 상하게 하는 말이나 행동을 했다고 합시다. 그런 때는 그녀에게 싸움을 걸거나, 흠을 잡아 헐뜯거나, 거친 말로 기를 꺾어 놓거나, 싸운 뒤 며칠 동안 뾰로통해 있으면서(그녀는 내가 왜 화가 났는지 알아내려 할 것입니다) 그녀가 죄책감을 느끼도록 하기보다는, 나는 감정이 상했고 그 상한 감정 때문에 화가 나 있다고 솔직하게 말하는 것이 필요합니다. 이렇게 할 수 있으려면 물론 먼저 나 자신에게 정직해야 합니다. 그러기 위해서는 그 상한 감정을 유발한 더 깊은 감정, 즉 불안감과 자아 불신감 등에 직면해야 할지도 모릅니다. 이러한 잠재적인 감정들에 대해 정직하지 못하면, 나는 상한 마음, 분노, 불안감 등 모든 감정을 아예 억눌러 버리고 우울감에 빠질지도 모릅니다. 아니면 전면전이나 게릴라 전법으로 감정을 표출하며 아내에게 싸움을 걸지도 모릅니다. 그러나 내가 진실하게 내 감정을 고백할 수 있다면, 아내에게 내 감정을 말하고 함께 기도할 수 있다면, 그 때는 나 자신과 그녀를 더 잘 알 수 있는 기회가 됩니다. 나도 성숙하고 우리의 관계도 성숙해질 수 있습니다.

때로 말 이외의 형태로 감정을 고백할 수도 있습니다. 우리는 얼굴 표정이나 몸짓으로도 우리가 느끼는 그대로를 솔직하게 표현할 수 있습니다. 나는 이것을 부정직한 감정 표현, 예를 들어 우리 안에 있는 더 깊은 정서와 대면하기 싫어 다른 사람의 감정을 상하게 하거나 죄책감을 불러일으키고자 하는 시도와는 구별하고 싶습니다.

예수님은 성전을 도떼기시장으로 만들고 있던 상인들을 내쫓으시면서 자신의 감정 상태를 여실히 전달하셨습니다(막 11:15-18). 성경에 예수님이 노하셨다는 언급은 없지만, 이것을 분노의 표현으로 해석할 수 있을 것입니다. 확실히 예수님의 동기는 순수했고 또 그분은 정직하셨습니다. 그러므로 그분의 행동은 성전이 어떤 곳인지를 가르쳐 준 실물 교육일 뿐 아니라, 앞에서 언급했던 대로 언어 외적 형태를 띤 감정의 고백이기도 했습니다. 그러나 우리는 이 사건을 가지고 분노를 말로 고백하기보다는 행동으로 표출하는 것을 합리화하는 구실로 삼지 않도록 매우 조심해야 합니다. 우리가 예수님처럼 순수한 동기를 가졌다고 확신할 수 있는 경우가 얼마나 되겠습니까?

왕의 고백

이스라엘 왕 다윗은 격렬한 감정의 소유자였습니다. 그의 감정은 사랑에서 미움, 우울에서 도취, 불안에서 자신감에 이르는 전 영역을 망라하고 있었습니다. 그는 하나님의 마음에 합한 자라고 불렸습니다. 대부분의 경우, 그는 자신에게 정직할 수 있었고 자기의 감정을 고백할 수 있었습니다.

그는 자신의 우울함을 하나님께 고백할 수 있었던 강한 장수요 위대한 왕이었습니다. "내가 탄식함으로 피곤하여 밤마다 눈물로 내 침상을 띄우며 내 요를 적시나이다"(시 6:6). 그는 아주 힘차고 남자다운 사람이었지만, 한편으로는 길거리에서 춤을 추면서 마음껏 기쁨을 표현할 수 있는 사람이었습니다. 다윗의 아내가 그의 행동이 왕답지 않다고 불평할 정도였습니다. 다윗은 또한 자신이 지은 죄를 고백할 수 있는 사람이었습니다. "내가 이르기를 내 허물을 여호와께 자복하리라 하고 주께 내 죄를 아뢰고 내 죄악을 숨기지 아니하였더니 곧 주께서 내 죄악을 사하셨나이다"(시 32:5).

그런 다윗이 자신의 죄를 고백하지 않은 사건이 있었는데, 이는 그 사건 이후의 파괴적인 결과 때문에 뚜렷이 나타납니다. 그런 예 하나가 사무엘하 11장에 기록되어 있습니다. 어느 해 봄 다윗의 군대는 전선에 나가 있었고 왕은 형세가 어떻게 돌아가나 궁금히 여기면서 왕궁에 머무르고 있었습니다. 다윗은 잠을 못 이루고 있었습니다. 왕궁의 지붕 위를 거닐던 다윗은 우연히 한 여자가 목욕을 하고 있는 장면을 보게 되었습니다. 그녀의 이름은 밧세바였습니다. 그는 어쩌면 갑작스레 봄의 열병에 걸렸는지도 모릅니다. 어쨌든 그는 사람을 보내 그녀를 데려왔고, 급기야는 그녀와 동침하게 되었습니다. 그녀의 남편 우리아는 전선에 나가 있었기 때문에 방해거리는 전혀 없었습니다.

그런데 약간 복잡한 일이 벌어졌습니다. 밧세바가 임신한 것입니다. 다윗은 서둘러 우리아를 전선에서 고향으로 소환했습니다. 그는 그것으로 그 문제가 간단히 해결되리라고 생각했습니다. 그는 우리아의 '열정적인' 공정성과 충성심을 계산에 넣지 못했습니다. 우리아는 자신의 동료 군사들이 아내를 떠나 전선에 있는 동안은 자신도 아내와 잠자리를 같이할 수 없다고 생각했습니다. 그래서 다윗은 그를 술에 취하게 하려고 했습니다. 이것이 그의 자제력을 약화시키고, 그의 고결한 지조를 무너뜨리지 않을까 해서였습니다. 그러나 이에도 실패하자 다윗은 우리아를 죽게 하려고 승산 없는 전투에 출전하라는 명령을 내립니다. 그는 자신의 죄를 감추기 위해 우리아를 죽인 것입니다.

그리고 그는 밧세바와 결혼했고, 모든 문제를 말끔히 해결했습니다. 그는 분명 그렇게 생각했을 것입니다.

그러나 하나님은 선지자 나단을 통해 다윗과 대면하셨고, 다윗은 자신의 죄에 직면해야 했습니다. 다윗은 이 봄철의 난봉 때문에 이후에 엄청난 가정 문제들을 겪게 되었습니다. 만일 다윗이 그 날 밤 밧세바가 목욕하는 모습을 보았을 때 느낀 충동을 직접 행동으로 표출하기보다 오히려 고백했다면, 그리고 죄책감과 공포를 살인으로 표출하지 않고 오히려 정직하게 직면했다면, 그는 이후에 그처럼 많은 고통, 죄책감, 고뇌를 겪지 않았을 것입니다.

다윗은 또한 자기의 개인적인 적에게는 관대한 편이었지만, 이스라엘의 적에 대해서는 종종 엄청난 분노를 표출했습니다.

그는 하나님이 그들에게 행하셔야 한다고 생각한 것을 아주 노골적으로 나타냈습니다. 여기에는 독특한 불쾌감이 깃들어 있었습니다. 그러나 시편 37:8에서 그는 "분을 그치고 노를 버리며 불평하지 말라. 오히려 악을 만들 뿐이라"고 충고하고 있습니다. "분을 그치고"라는 말은 분노의 감정을 솔직하게 인정하고(고백) 그 감정에 연연해하지 않는다는, 앙심을 품지 않는다는 의미입니다. 분노 자체가 언제나 그릇된 것은 아닙니다. 그러나 분노를 잘 다스리지 않으면 우리 삶은 영적·정서적·신체적·지적으로 해를 입게 됩니다. 우리가 어떤 사람에게 분을 품고 있다면 그 사람에게 가서 우리 마음이 어떤지를 말해 줄 필요가 있습니다. 그 사람에게 주먹질을 하거나 화를 낼 필요는 없습니다. 단지 자신이 어떻게 느끼고 있는지를 말하는 단순해 보이는 조치가 문제를 해결하기 위한 첫걸음이 될 수 있습니다.

신약의 존 웨인

우리는 또 베드로를 생각해 볼 수 있습니다. 그는 우리가 대부분 그렇듯이 억제, 표출, 고백의 방식을 골고루 취했습니다. 아마도 바로 이 점 때문에 우리는 쉽사리 그에게 동질감을 느끼는 모양입니다.

나는 베드로에게 '신약 성경의 존 웨인'(John Wayne: 다수의 서부극과 전쟁영화에 출연한 할리우드 배우—역주)이라는 별명을 붙여 주고 싶습니다. 베드로는 우락부락한 성격의 인물입니다. 그러나 나에게는 그가 다정다감한 거인으로 그려집니다. 만일 그를 만난다면 그는 내 손이 으스러질 정도로 악수를 하고 쩌렁쩌렁한 웃음으로 힘차게 포옹을 해 올 것 같습니다.

나는 그가 성미가 급한 사람이라고 생각합니다. 그와 의견이 엇갈리면 그는 나를 당장 때려 눕힐지도 모릅니다. 그는 자신의 충성심, 분노 그리고 두려움까지도 충동적으로 표출했습니다. 당신은 그가 겟세마네 동산에서 예수님을 체포하러 온 한 군병의 귀를 그 자리에서 잘라 버린 사건을 기억할 것입니다. 또 그는 비옷도 입지 않고 갈릴리 바다 위를 걷기로 결심하여 자신의 용기와 믿음을 충동적으로 보여 주었습니다.

또 어떤 경우에 그는 마음을 잘 여는 다정한 사람이었습니다. 그는 커다란 털복숭이 개를 연상시킵니다. 그는 예수님이 불법 재판을 받는 동안 예수님과의 관계에 대해 거짓말을 함으로써 자신의 두려움을 드러내고 말았습니다. 그러나 후에 비통하게 눈물을 쏟으며 자신의 죄를 고백했습니다. 우리는 베드로의 행동을 보면서, 건강한 방법으로 감정을 고백하지 않고 억압하거나 잘못 표출할 때 따르는 파괴적인 결과를 분명히 볼 수 있습니다.

우리의 감정과 더불어 사는 법을 배울 수 있는 최고의 본보기는 물론 예수 그리스도입니다. 예수님은 자신의 감정이나 그분에 대한 다른 사람의 감정에 대해서 정직한 분이었습니다. 그분은 감정을 억압하지 않으셨습니다. 온 세상 죄를 지고 십자가의 고난을 겪고 싶지 않다는 고백을 하실 때도 그분은 아주 솔직하셨습니다.

그분은 하나님 아버지와의 대화에서 이렇게 말씀하셨습니다. "아빠 아버지여, 아버지께는 모든 것이 가능하오니 이 잔을 내게서 옮기시옵소서. 그러나 나의 원대로 마시옵고 아버지의 원대로 하옵소서"(막 14:36). 그분은 이렇게 최대의 위기 상황에 처해서도 도피하거나 거짓말하거나 고소한 사람들과 타협하거나, 적을 죽이거나, 친구들에게 분풀이함으로써 감정을 표출하지는 않으셨습니다. 내가 만일 그분과 같은 상황에 처해 있었다면 모든 감정을 다 쏟아내고 싶었을 것입니다. 그러나 그분은 하나님 아버지께 자신이 느끼고 있는 바를 고백하셨고, 그리하여 그분은 죄를 짓지 않으셨습니다. 예수님은 자신의 감정에 솔직하셨고, 마땅히 해야 하는 바대로, 즉 하나님의 뜻대로 행하셨습니다.

예수님은 거만한 사람들, 독선적인 사람들, 때로는 자신의 친구들에게도 그들이 계속하여 부정직하고 위험한 행동을 할 때에는, 그들로 하여금 진리에 직면하게 하심으로써 그들의 노를 격발시키셨습니다. 예수님은 자신을 향한 그들의 미움은 진리를 거부하는 데서 시작된다고 말씀하셨습니다.

하나님은 성경 전반을 통해 정직함의 본을 제시하십니다. 성경은 추한 모습을 배제하지도 않고 미숙함에 당황하지도 않습

니다. 성경의 영웅들은 결코 미화되어 있지 않으며 그들의 모든 인간성이 솔직하게 그려져 있습니다. 성경은 어떤 종류의 감정이든, 다시 말해 미움, 정열, 시기, 탐욕, 관대함, 정욕, 슬픔, 기쁨, 염려 그 무엇이든 그것들에 대한 토론을 피하지 않습니다.

고백을 통해 감정을 정직하게 다루는 것은 그리스도인이 취할 수 있는 최선의 방법입니다. 우리는 예수님의 본과 하나님이 계시해 주신 본을 따름으로써 우리의 감정들을 받아들이고 그와 더불어 살게 될 것입니다.

6. 정직해지기

　　　　　　감정과 더불어 사는 법을 배우기 위해서 우리는 먼저 자신에게 정직해야 합니다. 어떻게 하면 자신에게 정직할 수 있을까요? 어떤 선지자는 인간이란 거의 믿을 수 없을 정도로 거짓된 존재라고 말합니다. 그는 우리 마음에 진리가 없다고 말합니다(렘 17:9). 우리가 본질상 진리 가운데 거하지 않는데 어떻게 진리를 얻을 수 있겠습니까?

　우리는 거짓의 아비인 사탄의 영향으로 우리 자신, 하나님 그

리고 다른 사람들과의 관계에서 거짓의 명수가 되었습니다. 우리가 영적 차원에서 하나님의 자녀로 거듭나지 않는다면, 또 거듭나기 전에는 사탄이 우리의 주인입니다(요 3:3). 우리가 죄인의 상태라는 것을 깨닫고 받아들이는 것이 자신에게 정직해지는 첫걸음입니다. 우리는 모두 하나님께 반역했기 때문에, 우리 안에는 계속해서 진리에 대해 반역하는 경향이 있습니다. 하나님은 진리이시기 때문입니다. 진리는 하나님의 본질과 성품에 의해 규정됩니다.

하나님께 정직함

예수님은 자신이 하나님이라고 주장하셨습니다. "내가 곧 길이요 진리요 생명이니 나로 말미암지 않고는 아버지께로 올 자가 없느니라"(요 14:6). 우리가 만일 정직해지고자 한다면, 먼저 진리의 근원이며 빛과 생명이신 하나님과 완전히 단절된 우리 처지에 대해 하나님이 마련하신 처방책을 받아들여야 합니다. 그분의 처방책은(그분에게만 처방책이 있습니다) 성자 하나님이며 메시아이신 예수 그리스도를 우리 구주와 주님으로 받아들이는 것입니다. 요한은 예수님에 대하여 이렇게 말합니다.

> 참 빛 곧 세상에 와서 각 사람에게 비추는 빛이 있었나니 그가 세상에 계셨으며 세상은 그로 말미암아 지은 바 되었으되 세상이 그를 알지 못하였고 자기 땅에 오매 자기 백성이 영접하지 아니하였으나 영접하는 자 곧 그 이름을 믿는 자들에게는 하나님의 자녀가 되는 권세를 주셨으니(요 1:9-12).

진리와 빛은 '물질'이 아니라 '인격'입니다. 우리가 그 인격을 알지 못하고 그 인격과 깊은 관계를 가지지 못한다면, 진리를 소유할 수 없습니다. 예수님은 이에 대해 다음과 같이 말씀하셨습니다.

> 하나님이 세상을 이처럼 사랑하사 독생자를 주셨으니 이는 그를 믿는 자마다 멸망하지 않고 영생을 얻게 하려 하심이라.

하나님이 그 아들을 세상에 보내신 것은 세상을 심판하려 하심이 아니요 그로 말미암아 세상이 구원을 받게 하려 하심이라. 그를 믿는 자는 심판을 받지 아니하는 것이요, 믿지 아니하는 자는 하나님의 독생자의 이름을 믿지 아니하므로 벌써 심판을 받은 것이니라. 그 정죄는 이것이니 곧 빛이 세상에 왔으되 사람들이 자기 행위가 악하므로 빛보다 어둠을 더 사랑한 것이니라. 악을 행하는 자마다 빛을 미워하여 빛으로 오지 아니하나니 이는 그 행위가 드러날까 함이요 진리를 따르는 자는 빛으로 오나니 이는 그 행위가 하나님 안에서 행한 것임을 나타내려 함이라 하시니라(요 3:16-21).

예수님은 또 "무릇 진리에 속한 자는 내 음성을 듣느니라"(요 18:37)라고 말씀하셨습니다. 만일 우리가 진리이신 하나님께 반역하였음을 인정하고 회개하며 그리스도의 대속하심을 받아들여 하나님과 화목하게 되었다면, 하나님은 우리 안에 거하십니다. 그리고 우리는 정직하게 행하는 데 필요한 모든 수단을 가진 셈이 됩니다.

이는 제3위이신 살아 계신 성령 하나님이 보혜사(위로자)요 인도자로서 우리와 함께 계신다는 데 기초합니다. 예수님은 십자가에 못박히시기 얼마 전에 제자들에게 말씀하셨습니다. "내가 아버지께 구하겠으니 그가 또 다른 보혜사를 너희에게 주사 영원토록 너희와 함께 있게 하리니 그는 진리의 영이라. 세상은 능히 그를 받지 못하나니 이는 그를 보지도 못하고 알지도 못함이라. 그러나 너희는 그를 아나니 그는 너희와 함께 거하심이요 또 너희 속에 계시겠음이라"(요 14:16-17).

워치만 니(Watchman Nee)는 성령이 하나님의 영광, 거룩, 의를 나타내신다고 말했습니다. 성령은 우리를 도와 하나님의 절대적인 기준을 알게 하시고 우리로 하여금 우리 자신, 우리의 현재 상태와 부족함을 볼 수 있게 하십니다. 하나님은 우리가 내적 성찰을 통해서는 자신을 결코 알 수 없다는 것을 알고 계십니다. 하나님은 우리가 그분과 같은 관점을 갖기를 원하십니다. 그분은 우리가 우리 자신의 믿을 수 없는 감정과 부정확한 판단을 따르도록 내버려두지 않으시고, 그분이 판단하시는 것과 같이 판단할 수 있도록 성령의 마음을 주십니다.[1] 우리 안에 거하

시는 성령으로 인하여 우리는 더 이상 거짓과 평화로운 관계를 유지할 수 없습니다. 우리는 그분을 통해 초자연적으로 부정직의 죄를 깨닫게 됩니다.

하나님은 우리가 하나님과 기도로 대화할 때 우리 자신을 더욱 명확하게 보고 우리의 감정을 더욱 정직하게 다룰 수 있도록 도와주십니다. 그분은 우리가 파괴적이고 부정직한 방식으로 처리했던 감정과 생각들을 보여 주십니다. 그러면 우리는 그러한 정서적인 영역을 치료해 달라고 그분께 구체적으로 요청해야 합니다.[2]

성령님은 또한 하나님의 말씀을 사용하셔서 우리가 자기 자신에게 정직해지도록 도와주십니다. 시편 119:105에는 "주의 말씀은 내 발에 등이요 내 길에 빛이니이다"라고 언급되어 있고, 같은 장의 130절에는 "주의 말씀을 열면 빛이 비치어 우둔한 사람들을 깨닫게 하나이다"라고 계속해서 언급되어 있습니다. 예수님은 우리가 하나님 말씀 안에 거하면 그분의 참 제자가 될 것이라고 말씀하셨습니다. 그리고 진리를 알게 됨으로써 진리가 우리를 자유케 할 것이라고 말씀하셨습니다(요 8:31-32). "하나님의 말씀은 살아 있고 활력이 있어 좌우에 날선 어떤 검보다도 예리하여 혼과 영과 및 관절과 골수를 찔러 쪼개기까지 하며 또 마음과 생각과 뜻을 판단하나니"(히 4:12).

우리가 말씀을 읽고 묵상할 때 말씀은 더 이상 생명력이 없는 인쇄물이 아닙니다. 그 말씀은 운동력이 있어 우리의 위선과 자기 기만을 꿰뚫습니다. 이로써 우리는 억압과 표출이라는 방식으로 자신 안에 숨겨 온 감정들의 은닉처, 그 음울한 감옥으로부터 서서히 해방됩니다. 이 해방이 때로는 갑자기 찾아오기도 합니다.

물론 성경에 대해 아무리 폭넓은 지식을 가진다 해도 하나님께로부터 오는 빛은 없을 수 있도 있음을 기억해야 합니다. 그 빛은 성령의 능력 가운데 그리고 그 능력을 통해서만 옵니다. 우리는 성경을 읽을 때 성령께서 이 빛을 우리의 마음과 생각에 비추어 주시기를 간구하는 자세가 필요합니다.

다윗은 하나님께 자기를 살피시고 자기에게 무슨 악한 행위가 있나 자신의 마음을 시험해 달라고 간구했습니다(시 139:23-24). 그는 자신을 추구한 것이 아니라 하나님으로부터 오는 진

리를 구했습니다. 워치만 니는 이 구절과 시편 26:2에 대해 다음과 같이 말합니다.

이 구절들은 우리가 자신에 대한 지식이 필요하다면, 하나님께 그 지식을 알려 달라고 간구해야 한다고 말합니다. 이것이 가장 정확한 지식입니다. 만물이 그분 앞에 벌거벗은 채 드러나는 까닭에 우리가 우리 자신을 아는 것보다 하나님이 우리를 더 잘 아십니다. 우리의 분석과 감각을 초월한 마음속 깊은 곳까지도 그분께는 숨길 수 없습니다. 만일 우리가 그분의 눈을 소유한다면 우리는 거짓 없이 우리의 현재 상태를 알게 될 것입니다.…

우리 자신을 알기 위해서 우리는 자신을 검사하는 대신에 하나님의 빛으로 우리를 밝혀 달라고 그분께 기도할 필요가 있습니다. 종종 우리는 우리의 동기가 완전하다고 생각합니다. 그러나 하나님의 빛은 우리가 얼마나 이기적이고 타산적이며 불의한지를 보여 줍니다. 하나님의 빛이 없으면 우리는 우리의 삶이 그럭저럭 괜찮다고 여깁니다. 그러나 그분의 빛

속에서 우리는 자신이 얼마나 자격 미달인지 깨닫게 됩니다. 하나님의 빛 속에서 우리는 빛을 보게 될 것입니다.[3]

시편 36:9은 우리에게 "진실로 생명의 원천이 주께 있사오니 주의 빛 안에서 우리가 빛을 보리이다"라고 말해 줍니다.

다른 사람들에게 정직함

기도와 하나님의 말씀 외에 정직해질 수 있는 세 번째 수단이 있습니다. 이것은 다른 그리스도인들과의 관계와 관련이 있습니다. 우리는 우리의 감정은 물론 우리가 지은 죄를 서로 고백해야 합니다(약 5:16). 우리는 대부분 서로 죄를 고백할 때 더욱 평안해집니다. 우리의 행동이 우리가 말하는 감정과 일치하지 않을 때 그리스도인 공동체는 서로 그것을 지적해 줌으로써 감정에 대해 좀더 정직해지도록 도울 수 있습니다. 그런데 우리는 이러한 도움, 특히 가장 가까운 사람들이 베푸는 도움에 대해 방어적인 태도를 취하기 쉽습니다. 하지

만 진실하게 사랑으로 도와준다면, 공동체 안에서의 고백은 성장을 위한 좋은 경험이 될 수 있습니다. 야고보는 고백을 치유와 연결시키고 있습니다. 여기에는 물론 우리의 정서적 상처와 고통의 치유까지 포함됩니다.

하나님의 빛 가운데 있는 동료 그리스도인들은 우리가 스스로 더욱 정직해지도록 격려할 수 있습니다. 그리스도인은 '세상의 빛'(마 5:14)이라 불립니다. 하나님과 친밀한 사람은 너무 환한 빛을 내어 그 주위에 있는 것이 불편할 수도 있습니다. 정직하지 못한 삶을 살 때 우리의 양심은 찔림을 받습니다. "하나님과 친밀한 사람은 우리에게 그 자신이 얼마나 고상하고 겸손한지를 의식하게 하지 않습니다. 그는 우리에게 하나님을 의식하게 해 줍니다."[4]

정직할 수 있는 힘

우리는 하나님의 자녀로서 그분이 우리에게 하신 약속을 우리의 것으로 주장할 수 있습니다. 그분

은 우리에게 그분의 사랑을 확증하셨습니다. 이 사랑에는 우리의 모든 필요를 채우는 것도 포함됩니다. 정서적으로 조화로운 삶은 분명 우리의 필요 가운데 하나입니다. 우리가 자신을 밝히 살피고 감정을 정직하게 고백할 수 있기 위해서는 그분의 빛이 필요합니다. 그리고 우리가 그분과 친밀하게 살아갈 때 그분은 우리의 필요를 채워 주십니다.

나는 이미 우리가 자신을 바꾸는 것이 아니라고 말했습니다. 우리에게는 스스로 정직해질 수 있는 능력이 없습니다. 그렇게 하실 수 있는 분은 하나님이십니다. 그것이 정직과 진실에 대한 세상의 생각과 기독교적 관점 사이의 결정적인 차이입니다. 하나님의 빛 없이 우리 자신의 빛을 만들고자 하는 내적 성찰은 실패와 자기 기만을 낳을 뿐입니다. 우리는 신약에서 두 가지 특별한 경우에 자신을 살피라는 말을 듣습니다(고전 11:28; 고후 13:5). 이 구절들은 영적인 성장을 위해 날마다 자기 비판을 하라는 말이 아니라 특별한 상황, 즉 성찬을 들 수 있는 자격과 그리스도를 믿는 믿음에 대해 언급한 것입니다.

그러나 하나님이 파괴적인 생각과 행동에서 연유한 또는 그러한 결과로 이끄는 감정들을 드러내심으로써 우리는 그 감정들을 고백할 수 있고, 우리는 그리스도인으로서 그 감정을 잘 다루기 위해 하나님의 능력을 달라고 간구할 수 있습니다. 우리는 하나님께 우리의 태도와 감정이 변화되도록, 우리의 상처가 치유되도록, 강박 관념에서 해방되도록, 우리의 분노와 미움이 녹아 내리도록, 우리에게 기쁨, 평화, 사랑이 넘치도록, 다시 말해 본질적으로 우리의 생각과 감정이 하나님의 생각과 감정으로 변화되도록 간구할 수 있습니다. 이렇게 기도하는 것은 감정을 아예 없애기 위함이 아닙니다. 왜냐하면 여러 다양한 정서 상태를 경험하는 것은 자연스럽고 건전한 일이기 때문입니다. 우리는 우리의 정서적 특질에 속박되기보다 그것을 누릴 수 있어야 합니다.

또한 그리스도인으로서 우리는 예수님의 이름으로 사탄에게 물러가라고 명령할 수 있으며, 성령의 검 즉 하나님의 말씀(진리)을 사용해서 그를 대적하는 권세를 가지고 있습니다. 이것은 우리가 감정으로 인해 눌려 있을 때도 마찬가지입니다.

어느 쪽인가?

오직 그리스도인만이 담대하고 솔직하게 감정을 다룰 수 있는 근본적인 원천을 가지고 있습니다. 믿지 않는 사람들은 예수 그리스도를 배척했으며 영적으로 거듭나지 않았기 때문에 죽은 사람입니다. 비록 자신이 영적으로 살아 있다고 생각할지라도, 그들은 하나님과 분리되어 있고 궁극적인 진리와 정직을 외면했습니다. 그들은 어느 정도는 자신과 다른 사람들에게 정직할 수 있지만, 하나님과의 친밀한 관계에서 가능한 영적 경험은 알지 못합니다. 성경은, 그들이 진정으로 정직해지기를 원한다면 예수 그리스도를 받아들여야 한다고 가르칩니다. 어느 누구도 완전히 정직해질 수는 없습니다. 그러나 그리스도인에게는 이 일이 실제로 일어날 수 있습니다.

그리스도인에게 있는 기초는 전적인 용납, 즉 우리를 향한 하나님의 전적인 사랑입니다. 우리는 어떤 특별한 상황에서, 혹은 좀더 긴 성장 과정에서, 온갖 다양한 감정에 직면할 수 있습니다. 그러나 어떤 상황에서도 우리는 하나님이 결코 우리를 거부하지 않으시리라는 것을 알고 있으므로 자기 거부의 위험으로

부터 안전할 수 있습니다.

예수 그리스도와의 관계 밖에 있는 사람들에게는 그러한 기초가 없습니다. 그들은 위험을 무릅쓸 수 없습니다. 도저히 받아들일 수 없는 감정, 혹 빛이 비추어 정직하게 직면한다 해도 어떻게 할 바를 모르는 감정들만 발견할 따름입니다. 예를 들면 나는 아이들에 대한 증오를 억누르며 차라리 그들이 죽기를 바라는 어머니, 10대 딸에 대한 끌림을 해결하지 못하고 그저 무시하려 하는 아버지, 미지의 죽음에 대한 불안과 공포감으로 괴로워하는 사람 등을 만난 적이 있습니다. 만일 그들이 자기 용납(self-acceptance)의 안전한 기초가 없는 채로 그러한 감정에 정직하게 직면한다면 이러한 감정들은 그들을 압도해 버릴지도 모릅니다.

물론 그리스도인들도 많은 경우 이렇게 압도적인 잠재적 감정들을 숨깁니다. 게리 콜린스(Gary Collins)는 말합니다. "임상 심리학의 기본 원리 중 하나는 우리가 기꺼이 자신의 문제에 직면해서 그 문제들을 해결하기 위해 무엇인가를 하려고 애써야 한다는 것입니다. 이것이 성경적인 것은, 성경은 인간에게 자신

의 죄와 연약함에 직면해야 한다고 가르치고 있기 때문입니다" 라고 말했습니다.[5] 그리스도인은 인간 속에 무엇이 있는지, 또한 그리스도 안에 있다는 것이 무엇인지를 알기 때문에 정직해지는 것을 두려워할 필요가 없습니다.

우리가 때로는 특정한 두려움들을 숨길 수는 있습니다. 그러나 우리는 정직함에 대한 두려움이 습관화된 삶을 살 필요는 없습니다. 그리스도인은 하나님을 신뢰하며 두려움 속에서 살지 않습니다. 그 때에 우리는 정서적으로 조화로운 삶을 살 수 있고 창조주께서 원하시는 대로 감정을 누릴 수 있습니다. 그 때 우리는 진정으로 자유할 수 있습니다. 진리가 진실로 우리를 자유케 하기 때문입니다. 우리는 자유롭게 느끼고, 어떤 감정이라도 자유롭게 고백하고, 우리가 원하는 어떤 감정이라도 자유롭게 직면합니다. 그러한 자유 속에서 우리는 큰 기쁨을 누릴 수 있습니다.

주

제1장 신기하고 놀라운 솜씨

1) 신 29:20; 수 23:16; 왕하 22:13; 스 8:22; 욥 9:13; 시 7:11; 78:21; 106:40; 요 3:36; 롬 1:18.

2) 신 29:20; 시 78:58; 고전 10:22.

3) 사 62:4.

4) Francis A. Schaeffer, Genesis in Space and Time(Downers Grove, Illinois: InterVarsity Press, 1972), p. 35. 「창세기의 시공간성」(생명의 말씀사 역간).

5) 이러한 점은 나의 동생인 저드슨 스위하트 덕분에 깨닫게 된 것입니다.

6) H. Norman Wright, The Christian Use of Emotional Power(Old Tappan, New Jersey: Fleming H. Revell, 1974), p. 20.

제2장 감정을 어떻게 다룰까

1) 같은 책, pp. 120-127.

제3장 억압: 지금 여기서는 안 돼

1) Os Guinness, In Two Minds(Downers Grove, Illinois: InterVarsity Press, 1976), p. 156.
2) Donald F. Tweedie, Jr., "Faith and Your Feelings: Guilt", Eternity(Oct. 1964), p. 17.
3) Paul Tournier, Guilt and Grace(New York: Harper and Row, 1958), p. 63. 「죄책감과 은혜」(IVP 역간).
4) Tweedie, 앞의 책, p. 18.
5) 같은 책.
6) Bruce Narramore, "Guilt: Christian Motivation or Neurotic Masochism", Journal of Psychology and Theology, Vol. 2, No. 3, 1974, pp. 182-189.
7) 개인적인 의견으로는 그리스도인 환자에 대한 전문 치료자 자격은 교육, 훈련, 관련 자격증 외에도 치료자 자신이 그리스도인이어야 합니다. 이렇게 될 때 치료자와 환자 사이에는(특히 가치관과 믿음의 문제에서) 이해, 감정이입, 신뢰감 등이 최대한으로 생길 것입니다.

제4장 표출: 내키는 대로 하자

1) Donald F. Tweedie, Jr., "Faith and Your Feelings: Anger", Eternity(February 1965), p. 34.
2) C. I. Scofield, The New Scofield Reference Bible(New York: Oxford University Press, 1969), 각주, p. 194.

제6장 정직해지기

1) Watchman Nee, Spiritual Knowledge(New York: Christian Fellowship Publishers, 1973), p. 67과 p. 56. 「영적 지식」(생명의 말씀사 역간).
2) Calvin과 Allegra Harrah의 "Prayer Seminar"(세 개의 녹음 테이프), Tape Ministry, First Baptist Church in Van Nuys, Van Nuys, California와 Allegra Harrah, Prayer Weapons(Old Tappan, New Jersey: Fleming H. Revell, 1976), p. 114를 보라.
3) Nee, 앞의 책, pp. 56, 60.
4) 같은 책, p. 66.
5) Wright, 앞의 책, p. 21.
6) Gary Collins, Search for Reality(Wheaton, Illinois: Key Publishers, 1969), p. 90

감정은 하나님의 선물입니다

초판 발행_ 1985년 9월 15일
초판 16쇄_ 1999년 4월 25일
제2판 발행_ 2000년 3월 14일
제2판 7쇄_ 2006년 11월 30일
제3판 발행_ 2007년 5월 10일
제3판 7쇄_ 2023년 10월 5일

지은이_ 필립 J. 스위하트
펴낸이_ 정모세

펴낸곳_ 한국기독학생회출판부
등록번호_ 제2001-000198호(1978.6.1)
주소_ 04031 서울시 마포구 동교로 156-10
대표 전화_ (02)337-2257 팩스_ (02)337-2258
영업 전화_ (02)338-2282 팩스_ 080-915-1515
홈페이지_ http://www.ivp.co.kr 이메일_ ivp@ivp.co.kr
ISBN 978-89-328-2205-1

ⓒ 한국기독학생회출판부 1985, 2000, 2007

책값은 뒤표지에 있습니다.
무단 전재와 복제를 금합니다.